地道が近道

ゆるやかに成長し続ける〝成功思考〟

森原康平

KANZEN

序章

第1章 結果を出すためのマインド

第2章 成功につなげるための目標設定

第3章 人として成長するために

あとがき

〝凡人〟だからこそ得た感覚
成功者より成長者であれ

2024年11月3日、僕は横浜スタジアムのマウンドに立っていました。福岡ソフトバンクホークスとの日本シリーズ第6戦、ここまで横浜DeNAベイスターズが3勝2敗と王手をかけていた試合。スコアは11対2でベイスターズ大量リードの9回表、あと1イニングを抑えれば26年ぶりの日本シリーズ制覇が決まります。

ブルペンで準備していた僕は、小杉陽太投手コーチから「行くぞ!」と声を掛けられると、深呼吸をしてリリーフカーに乗り込みました。ブルペンとグラウンドを仕切る扉の向こうからファンの方々の熱気が漂っているのがわかりました。

扉が開き、眩しいカクテル光線が目に入ると、大音量の『森原コール』があたりに響き渡りました。僕は、この光景をしっかりと目に焼きつけようと、横浜ブルーに染まった超満員のスタジアムをゆっくりと眺めました。

不思議と気持ちは落ち着いており、冷静になって状況を噛みしめることができました。プロになって以来、ここまでの大歓声と熱のこもった『森原コール』を聞くのは初めてのことです。マウンドに立って投球練習を始めても、そのコールは一向に鳴りやみません。

「ありがたいな」と、心のなかで静かにつぶやきました。

ファンの方々の大声援はもちろん、最後にこのマウンドに上げてくれた首脳陣の方々には感謝の気持ちしかないな、と。

今シーズンはオープン戦で結果が悪かったのにもかかわらず、開幕戦では1点差の9回にマウンドに送り出してもらい初セーブを挙げると、シーズンを通しクローザーとして起用してもらいました。そして日本シリーズの最後の瞬間まで投げさせてもらい、僕にとって最高のシーズンだったと言っても過言ではありません。

マウンドで目いっぱい腕を振り、2アウトを奪うと、最後の打者は、広島県出身の先輩である柳田悠岐選手でした。あと1アウト、会心の投球で柳田選手を三振に切って取るとその瞬間、横浜スタジアムは歓喜で大爆発しました。

僕はキャッチャーの戸柱恭孝さんに飛びつくと、チームメイトにもみくちゃにされました。

喜びの渦のなかで僕が心の底から感じたのは、ただただ「報われた」という思いでした。

この日、この瞬間のために、この1年間がありました。自主トレから始まり、開幕してからはクローザーを任され、常にプレッシャーと戦ってきました。毎日トレーニングを怠ることなく〝準備100パーセント〟を心掛け、自分と向き合い日々を過ごしてきたのです。

レギュラーシーズン後半には、プロになって初めて右肩を痛めてしまいました。リリーフ陣の状況が厳しいことはわかっていましたが、僕は自ら監督やコーチに投げることは難しいと伝えました。肩に水が溜まってしまいベストな投球ができず、チームに迷惑をかける可能性があったからです。

個人的なことで言えば、目の前にあった60試合登板、30セーブ（最終成績は58試合、29セーブ）を絶対に成し遂げたいと思っていました。無理をして投げようと思えば投げられたかもしれません。けれども、チームにとって大事なポストシーズンで仕事をするために、個人的な目標達成を断念するのもひとつの道だと考えたのです。

正直に言えば、非常に悩みましたし、葛藤もありました。30セーブに挑戦できる機会は、もう二度とないかもしれない。他の選手に聞いても、無理をしてでもゲームに出るべきだという意見もありました。

ただ、自分の価値観と信念に問いかけたのです。

本質は何なのか――。

トレードで横浜に来て3年目、僕を評価して起用してくれたベイスターズのために何をすべきなのか。自分がこのチームにできることは何なのか。

リーグ優勝は逃しましたが、ここはチームの新たな目標である日本一に向けて貢献するべきなのではないか。変な言い方かもしれませんが、個人的な数字はあきらめて、このチームが日本一になることにフルベットするべきだと判断したのです。

こういったことがあったからこそ、日本シリーズを制覇したとき、僕はまず「報われた」と思ったのでしょう。クライマックスシリーズ（CS）を通し、チームに貢献することができた。自分の判断は間違っていませんでした。30セーブにはまた挑戦できるはずだと、今はポジティブに考えています。

日本シリーズでありがたいことに胴上げ投手になることができ、またプロ8年目の33歳にして過去最高の成績を残せたと自負しています。

振り返れば、僕の野球人生は決して順風満帆なものではありませんでした。大きなタイトルにも縁のない時間を過ごしてきました。

小学6年生から野球を始めて、中学、高校、大学時代を通し、全国的にはほぼ無名の存在。野球の才能面では、本当に〝凡人〟だったと言ってもいいでしょう。

しかし社会人野球3年目、ぎりぎりのタイミングでプロ野球選手になることができました。25歳にして、東北楽天ゴールデンイーグルスでようやくデビューを果たすことができたのです。あきらめず黙々とプロという目標を追いつづけた結果でした。

ただ、プロになっても好不調の波があり、また2度の手術を受けるなど、思うような活躍ができない時期もありました。時にはひどい誹謗中傷に晒され、どん底まで追い詰められたこともあります。

そんな苦しい渦中であっても自分を支えていた言葉がありました。

それは「成功者より成長者であれ」です。

プロとして成功したいと思うのは、誰もが持つ当たり前の心理です。しかし僕は、目先の成功よりも、常に3年後、5年後をイメージし日々を過ごすことで、ゆるやかではありますが成長してきた実感があります。この姿勢はアマチュア時代から変わりません。

強く感じるのは〝凡人〟だからこそ得た感覚です。特別な才能を持たない、そこらへんにいる野球が好きな一人の人間が、とにかく昨日より今日、今日より明日というように、成長することだけにフォーカスし、歩んできたからこそプロへの扉が開きました。

本書では、そんな僕の『心・技・体』における成長過程や、何を考えて日々生活し、取り組んできたのかを記したいと思います。

プロの道を目指しているけど自分では平凡だと思っている人はもちろん、社会生活を営む一般の方々にも生きていくうえで少しでもヒントになればいいなと思っています。

こんな僕でも、胴上げ投手になることができました。

1回しかない人生、目標を定め成長し、なりたい自分になりましょう。

第1章

結果を出すためのマインド

結果を出す人は〝再現性〟が高い
毎日手を抜かず信じて継続する

僕が野球はもちろん、物事に取り組む際に大切にしていることは〝継続する強い意志〟です。それに気づかされたのは小中学生の頃でした。

当時、日本やアメリカの球界で活躍していたイチローさんの著書を読んで、世界屈指のバッターは〝ルーティン〟を大事にしていることを知りました。

とにかくイチローさんは毎日練習で決まった数を素振りし、変わることのない同じトレーニングをして、決まったルーティンで打席に入るのです。

自分のカタチを崩さずコツコツと我慢強く続けることが、成長するためには必要なのだと学びました。天才と言われるバッターであっても、たゆまない日々の努力をしている。

もちろん今の僕であれば理解できることですが、子どもだった自分は驚いたことを覚えています。あんなにすごい人でも毎日コツコツとやっている——。

当時から人を観察するのがとても好きでした。

上手くなっていく選手と、そうではない選手では一体何が違うのか？

自分に野球の才能があまりないのを自覚していたので、どうすれば上手くなれるのか興味をもちましたし、人を観察することでヒントを得ようとしていたのです。

わかったことはピッチャーもバッターも〝再現性〟が高いということでした。

スポーツにおける〝再現性〟とは、どのような状況下にあっても、安定して同じ動作を繰り返しできることを指します。

とくにいいピッチャーは、いくら疲れていたとしても同じフォームで狂うことなく毎回のように投げることができる。経験上、日ごろから高い意識を持ちコツコツと同じ練習をすることでしか〝再現性〟というものは生まれません。

ベイスターズのチームメイトで言えば、東克樹が代表例です。

ものすごい速球や強烈な変化球があるわけではないのに、どんな状況であっても崩れることなく同じフォームで投げ、コントロールよく寸分狂わぬピッチングをします。

東を見ていると、本当にすごいなといつも感心しています。

体調は日々変化するものですし、好不調の波というのは必ずあります。また気持ちの面もピッチングの出来を左右します。それでも〝再現性〟の高い選手は、日によっての振れ幅が小さく、安定したプレーができる。これは決して簡単なことではありません。

徹底した準備、さらにメンタル的にも強靭で安定していなければ不可能だと思います。

イチローさんも「今までやらされた練習で無駄なことはひとつもなかった」とおっしゃっていましたし、信じられるかはその人次第です。

振り返れば社会人時代、冬のオフの間、元プロ野球選手の神部年男さん指導のもと、地味でありながらも、人とは違う練習をコツコツとしてきました。

監督や指導者から課せられる、時に不条理な練習もしかり、意味があるなしで考えてしまう人もいると思いますが、自分でどう咀嚼《そしゃく》し、結果に導けるかは人によって違います。

ですから、何をやるにしても、まずはそこにきっと意味があるのではないかと考えるように心掛けています。

２０２４年シーズン、1年間クローザーを完走したあとにどんな新しい風景が見えるかと思いきや、結局はこれまで良かれとやってきたことが間違っていない、より重要性を再認識できたというのが一番でした。味気ないかもしれませんが、これが真実です。

やはりコツコツと続けることが大事だということです。

２０１９年に64試合を投げて、キャリアハイを記録したときは、能力だけに頼って勢いで乗り切った印象があります。

一方、２０２４年は、経験や普段からの考えを元に、自分をしっかり管理し、根拠がある状態でシーズンを戦うことができました。

休むことも必要なのですが、しんどくても終日オフにせずウェイトトレーニングを続けましたし、必ず2~3時間は整体に行って身体のメンテナンスにあてていました。

また栄養を考慮し、好きな食べ物はなるべく我慢するなど、とにかく野球で結果を出すことにコミットして日々を過ごすことができました。

やりたいことを定めたうえで、やり遂げられたことに非常に価値があると思います。

毎日、手を抜かないで、自分がこれだと思ったことを信じつづけることが、いかに重要か改めて気づかされました。

写真：産経新聞社

まずすべてを受け入れる　センスとは情報を取捨選択する力の高さ

プロ野球の世界に入ったとき「野球のセンスとは何か？」を考えたことがあります。

結果を出している選手やそうではない選手、いろいろ観察をしていると、どうも野球のスキルや身体能力だけに長けているのではないということに気がつきました。

プロの世界は、指導者はもちろんのこと、時には球団ＯＢやプロ野球解説者の方などがいろいろなアドバイスをしてくれます。

とてもありがたいことなのですが、その情報量は細かいものも含めれば、膨大になっていきます。

また最近ではYouTubeやＳＮＳにも情報があふれており、便利ではあるのですが、すべてがその選手に合っているものとは限りません。

とくに右も左もわからない若い選手は、年長の方々や、ＳＮＳなどの意見を聞き入れ過ぎて困惑してしまうことが多いようです。

わかったことは、結果を残している選手は、この情報量の処理が上手かった。そのとき、情報を読み解き取捨選択する能力の高さこそ〝野球のセンス〟だと理解したのです。

僕のスタイルも似たところがあって、人から言われたことを頭から否定するのではなく、まずはすべてを受け入れてみる。その際、一度やってみていいものだと思えば採り入れて、違うと思えば固執することなく、すぐに手放すことにしています。

これは会社に勤めている方々にも必要なスキルだと思います。言われたことをいかに取捨選択して、プラスとして、効率的に処理していくのか。

まさにこれが〝センス〟なのではないでしょうか。前述した通り、若いときのほうが人からの意見を聞き入れる傾向にあるでしょう。正直、僕もそうでした。

その経験があるからこそ、年齢を経るたびに「これは新しい考えだからやってみるか」とか「今じゃなくて、もう少ししたらやってみよう」と考えられるようになり、今ではいろいろな選択ができるようになりました。

取捨選択という部分で、プロとなり、人の意見を採り入れることで野球人生のターニングポイントになった出来事があります。

それは楽天に入団したルーキーイヤーのときのことです。

ピッチングコーチの与田剛さんから、はっきりと次のように言われました。

「アウトローに投げ切れるピッチャーが、最後まで生き残れる」

プロになって何をすべきなのかを模索していた僕は、その言葉を信じてピッチング練習の時間の大半をアウトローへ投げ、精度を高めることに努めました。当時は、とにかくアウトローのボールを磨きに磨いて、これで生き残ってやるぞという思いばかりでした。

練習してしばらく経つと、キャッチャーの嶋基宏さんが「真っすぐでいけるよ。アウトローに構えるから」と、おっしゃってくれて、1年目から6～7割ぐらいストレートで勝負することができました。

プロ8年目を終えましたが、今でもアウトローのストレートは僕の原点です。

あのとき与田さんの言葉を信じ、選択できたことは、大げさかもしれませんが僕のプロ生活を考えれば運命的なことだったと思っています。

たくさんの意見があるなかで、何を信じ、何を貫けばいいのか。

これからもそのセンスだけは、失わないようにしていきたいものです。

「地味トレの鬼」こそ誉め言葉
エリートと同じことをやっても上に行けない

僕は特別な能力があるわけではない凡庸な選手だと自覚していたので、いわゆるエリート選手と同じことをやっていては、上へは行けないと考えていました。

社会人2年目のシーズンが終わった冬のことです、可能性は低いながらもプロを目指す僕にとって非常に重要な出会いがありました。

出会いの相手は所属チームの臨時コーチとして招かれた、神部年男さんです。

神部さんは現役時代に近鉄やヤクルトで活躍したピッチャーで、現役引退後は投手コーチとして近鉄の優勝などに貢献してきた方でした。

その神部さんにある日「おい森原、股割りのネットスローやるぞ」と、言われました。

一瞬耳を疑い、最初は何を言われているのか意味がわかりませんでした。僕としては神部さんがプロで培った技術や、キャッチボールやピッチングの指導をしてもらいたいのに、地味なネットスローをやれ、と言うのですから戸惑いました。

ネットスローは動きに制限があり、とても地味な練習です。

しかし、僕のような選手がちょっとやそっとの練習で、すごいボールを投げることはできないと理解していましたし、凡人が勝負するならば、こういった地道なことをひたすらやらないと花を咲かせることはできないと、どこかでわかっていたような気がします。

やるしかありません。

会社の勤務が終わり、全体練習が終了してから毎日2時間、冬の冷たい風が吹くなか、ひたすらネットに向かってボールを何球も何球も投げつづける日々がスタートしました。

大切なのは姿勢です。

股をしっかりと割り、腰を上げることなくベタ足でボールを投げる。

きつい体勢で投げるために、苦しくなると徐々に上半身が浮き上がってしまう。

そこで神部さんが僕のベルトに手を掛けて体勢をキープする。

これらの動作を続けていると、下半身はもちろん全身がパンパンになります。果たしてこれで大丈夫なのだろうか、つらいばかりで本当に実りのある練習になっているのだろうかと疑心暗鬼になっていました。

ただ先ほども書いたように、僕は他の人と違うことをしなければ成長は望めないと感じていたので、ここはひとつの大きな賭けだと思い、神部さんの言葉を信じて、冬の間、ひたすらネット目掛けてボールを投げ込みました。

本当に地道な作業で、途中逃げ出したくなってしまうこともありました。

それでも負けず嫌いな性格なので歯を食いしばって毎日のように続けていくと、ゆるやかではあるものの選手として成長していく実感を得ることができました。

空気もゆるみはじめた春先のことです。

ブルペンに入って久しぶりにボールを投げてみると、僕はその手応えに驚きの声をあげました。

なんと球速が8キロもアップしていたのです。

スピードガンには、これまで見たことのない140キロ台後半の数字が表示されていました。社会人3年目はプロへのラストチャンスだと位置づけていたので、もしかしたらこれで戦えるんじゃないかと希望が湧いてくるのがわかりました。

どれだけ下半身を効果的に使えるか。上半身や腕ではなく、強靭《きょうじん》な下半身と足で地面をつかみ、ボールを投げることができるのか。大切なのはそういうことだったのかと、そして最初はちょっと疑ってしまってすみません、という気持ちでした。

野球の神様から、最後にご褒美があるかもしれないなどと考えながらも、自分の可能性を信じてよかったなと思えた出来事でした。

以来、このトレーニングは僕の定番になりました。

プロになった今も、オフはもちろん、シーズン中でも股を割って地道にネットスローをしています。毎日のように続けています。

地味な作業を「意味があるのか」と思ってやる人と、「これは最後に自分にいいカタチで戻ってくるはずだ」と信じてやれる人との間には、確実に差が生まれると思います。

こういった地味トレは他にもいろいろやっているのですが、ある日、チームの先輩から

「本当にお前は地味トレの鬼だな」と言われたことがあります。

それでいいと思いますし、そう言われるのは僕にとっては最高の誉め言葉です。

あのとき神部さんの言葉を信じられたこと、覚悟を持って取り組み、途中で投げ出さずやり通すことができたことは、その後の自分のプロ人生にとって大きな糧となりました。

神部さんはもちろん、練習に付き合ってくれた当時の監督には本当に感謝しかありません。

〝自負〟はピンチのときに戦うエネルギーに「これだけやった」という自信からしか生まれない

苦しい状況やピンチの場面で、何が自分を支えてくれるのか？

僕の場合、それは〝自負〟になります。

自分はこれだけやってきたんだという月日と自信から生まれる〝自負〟というものが、たとえどんな窮地に陥ってしまっても自分に戦うエネルギーを与えてくれるのです。

では自負を作り上げるためには、何が必要なのか？

それはやはりトレーニングになります。

シーズン中の毎日の練習はもちろんのこと、僕がとくに重視しているのはオフシーズンのトレーニングになります。

自分で言うのも恥ずかしいのですが、心の根っこのところでは、自分に自信を持てない臆病《おくびょう》なところがあると自覚しています。

飛び抜けた才能を持つ野球選手ではないので、いつも不安を抱えています。とくにすべてが一度リセットされてしまうオフシーズンは「来シーズンは大丈夫なのだろうか……」と、自信を持つことができなくなります。これはプロになって丸8年経ちますが、毎年のように襲ってくる感覚です。

そこでオフシーズンは、徹底して身体をいじめ抜きます。

野球に必要不可欠な要素がすべて揃った施設で、時間をかけ、それでいて効率的に、自分を徹底的に追い込んでいくのです。

僕が採り入れているのは、身体の軸やしなやかな動きを作るピラティスを徹底してやり、それにウェイトトレーニングを組み合わせるといった方法です。

本当につらく苦しい地味なトレーニングが多いのですが、それを乗り越えたときに初めて〝自負〟というものが生まれ、自信を持って春季キャンプに突入することができます。

やれること、淡々とひたすらやり抜くことができなければ〝自負〟は身につきません。

ただ単純に自負を作るだけならば、昔からやっているような投げ込みや、打者なら振り込むことで作れるかもしれません。

けれどそれでは、とにかく「量をやった」というメンタルに振り過ぎたものだと感じていました。

ですから、僕が目指したのは、積極的に新しいトレーニングを採り入れ、好奇心を刺激しながら、あらゆるものを自負につなげる努力をしようということでした。

量だけに傾倒してしまうと、集中力も途切れがちになり、なかなか長続きしないと思います。

結局のところ、これだけやっておけば絶対に活躍ができる保証のあるトレーニングなんてものは、この世にはないのかもしれません。

結果が出るかはわからない。だからこそ、その可能性を高めるために、質と量で自分を追い込みやりきって自負を作る。

「自分はこれだけやってきたんだ」という自負が、大事なところで己を助けてくれるのです。

難しいことを難しく見せない　イレギュラーな状況で対応できるのがプロ

プロフェッショナルとは何かを問われた際、僕がシンプルに思うのは〝難しいことを難しく見せない〟ことに尽きます。

マウンド上では、〝仕事人〟でありたいと思っています。

難しいことを、難しく見せない。

そのためには、その裏で人の想像を超えるぐらいの地道な努力と準備が必要になってきます。

地味なことをコツコツと積み上げて、そして試合という華やかな舞台でさらっと仕事をやってのける。

このスマートさが、プロとしてあるべき姿ではないでしょうか。

もう一つが、〝緊急事態やイレギュラーな状況にいかに対応できるか〟です。

プロ野球はご存じの通り年間を通してシーズンを戦うので、時に予期せぬことが起こります。そこに対応するには、やはり準備が必要になります。

前述のように僕は人を観察するのが好きなので、チームメイトのこともよく観察しています。見ているのは、例えば宮﨑敏郎さんや伊藤光さん、戸柱恭孝さんといったベテラン選手が、毎日、常に変わることなく準備をしている姿です。

朝早く球場に来て、ランニングやトレーニングをして、バッティング練習をして、他の選手が来る時間には汗をかき終わっている。

今名前を挙げた先輩方は、これを毎日のように続けているのです。

自分が試合に出られるかわからなくても、結果がよくても悪くても、ひたすらに淡々と日々を重ねているからこそ、緊急事態やいざというときに、いつもと変わらずゲームに入っていくことができる。

その姿は、周りのチームメイトたちにものすごく安心感を与えますし、そういうゆるぎなさは本当にプロフェッショナルだなと感じます。

若い選手たちのなかには、そういったベテラン選手たちの姿を見て「自分たちもやらなきゃ」といった思いに駆られて動き出す人間もいます。

多くの言葉は使わずとも、他人に強い影響を与えられるのもプロとしては必須の資質だと思います。

縁があって、2023年のシーズンオフから、坂本裕哉や徳山壮磨、中川虎大といった若い選手たちと自主トレをやっています。

とくに強引に誘ったわけではありません。自分のことで恐縮ではありますが、おそらくは僕の普段の姿勢を見てくれて、一緒に自主トレをやりたいと言ってくれたのだと思います。

もし僕が、適当にその日の気分で一貫性のないトレーニングをしていたら、そうはいかないでしょう。そういう意味では、僕も少しはプロとしての姿を見せることができるようになったのかなと感じています。

持っている武器だけに縛られない今永昇太少しだけ〝遊び心〟を持つ

プロ野球は真剣勝負の世界です。

しかし、そのなかであっても僕は〝遊び心〟を大切にしたいと考えています。

真摯に野球に打ち込むことは前提として、きっちりしすぎていても心に余裕がなくなってしまうので、自動車のハンドルの〝遊び〟のような、ある種の〝余白〟を持たせるように心掛けています。

遊び心という部分で、すごいなと思ったのは、2023年シーズンまでチームメイトだった今永昇太です。

メジャー1年目から大活躍した今永ですが、僕が驚かされたのは、その日に考えた変化球をゲームで投げていたことです。

今永は試合日に練習でキャッチボールをしながら、「こうやって曲げてみたいんですよね」と話し、いろいろ握りを試行錯誤していました。

そしてしばらくすると、こう言うのです。

「森原さん、これ使えそうだから投げてみますわ」

えっ、と思いましたが、実際に今永はぶっつけ本番で新しい変化球を投げて、見事に抑えてしまうのですから恐れ入ります。持っている武器だけには縛られない、発想の転換がそこにはありました。

そういった遊び心はすごく大事だと思う反面、なかなか実践できないものです。当たり前ですよね。

多くの選手にはそんな勇気や度胸はありません。そこが今永たる所以なのでしょう。

じつは僕も2024年シーズン、途中からスライダーを投げ始めました。

普段は、主にストレートとフォークの2サイドピッチです。

初めて試合で投げたのは、夏場の大事な時期、1点差の厳しい場面。試合中に突然投げてみようと思いたちました。

スライダーは以前使っていた球種なので、今永のように急に身につけたわけではありませんが、ベイスターズに来てからはほとんど投げていませんでした。ですから、ある意味、賭けでもありました。

頭にないボールがきて相手バッターも驚いたでしょうが、一番びっくりしたのはキャッチャーの山本祐大だったはずです。

事前の打ち合わせもなく、サインを出しても何度も首を振る僕を見て、まさかスライダーを投げるのか？　という感じでスライダーのサインを出しましたから。幸い抑えることができました。

緊迫の場面だったからこそ意味があるボールだったと思います。

もちろん、抑えられると確証を持っていたわけでもありません。

トライしなければ、わからない。

失敗したら失敗したで、それでも価値がある一球だと思い、遊び心を持って投げ込みました。

独りよがりのミスは何も学べない
真剣に失敗し、大きな成功につなげる

プロ野球はシーズンが長いので、失敗することも少なからずあります。それは仕方のないこと。誰しもミスはするものです。

大切なのは、真剣に失敗できるかどうかです。

何も考えていない状況や気分でおかしてしまった失敗は、その後につながることはありません。

きちんと考え、100パーセントの準備をし、よしやってみようとトライした結果、失敗してしまったのであれば、絶対プラスになるはずだと信じています。

むしろこういう失敗回数が多ければ多いほど、後の大きな成功につながると個人的には実感しているので、若い選手たちが相談に来てくれた際には「本気で、真剣に、どんどん失敗すればいいよ」と、自信を持って伝えています。

真剣に失敗をすると、まず正解ではなかった点を深く知ることができます。努力をしたうえでの失敗ですから、結果的に成功へのモチベーションが高まるものです。

楽天時代、僕はストレートだけには自信があり、こだわって使っていました。逆に言えば、変化球は精度がまだ低かった。ですから、とにかく根拠もなくストレートばかり投げている時期があったのです。

一時的にはそれでしのげたこともあったのですが、相手もプロの打者です。やがてストレートに張られて、痛打を浴びることが増えていきました。

それでもへこたれずストレートを投げていたのですが、また打たれるの繰り返し。コーチからは「何度同じ失敗を繰り返すんだ！」と叱責されたこともありました。こだわることはいいと思うのですが、やり過ぎてしまったのです。

今振り返ると、こう思います。

ストレートに執着したのはいいけど、果たしてそこに真剣さはあったのか。独りよがりになっていなかったのか。

それまでの僕は投げたいボールをただ投げていただけでした。それでは浅はかすぎますし、失敗をしても何も学べません。

次第に僕は真剣に自分のストレートと向き合い、投げる意味を考えました。

真剣に失敗すると、いよいよバッターを抑えるためにはどうしたらいいのかということと深く向き合うようになり、やがて以前の自分とは思考が真逆になりました。

自信のある好きなボールを投げるのが、ピッチャーではない。相手打者を抑えるのがピッチャーなのだと。

そこに気づいて以来、同じストレートを投げても、意識が随分と変化しました。

昔から〝失敗は成功の母〟と言います。

数々の失敗を真剣に重ねてきたからこそ、どんな状況にも対応し得る今の自分が構築できたのだと確信しています。

写真：産経新聞社

一流と呼ばれる選手の共通点
目配り、気配り、心配りに長けている

己の能力を伸ばしていける人間とは、どういう人格の持ち主なのでしょうか？

おそらく、どんなことに対しても〝素直〟に向き合うことができる人です。

年齢を重ねると、どうしてもピュアな感性が摩耗していくように感じられます。素直な人は信じる力が強く、邪推《じゃすい》することなく目標に向かって邁進《まいしん》しています。

だから僕としては、どれだけ素直でいられるか、まず人の意見にしっかり耳を傾けられているかを意識しながら生活をしています。


そして、感謝の気持ちです。

一流と呼ばれる選手に共通していると感じるのは、人を大事にしているところです。

チームメイトに対してだけでなく、トレーナーさんなどチームをサポートしてくれている人たちや球団スタッフに対しても、とても丁寧に接しています。

きっと、自分だけで残せた成績ではないと理解しているからこそ、そういった立ち居振る舞いができるのでしょう。

若いとき、ちょっといい成績を残しただけで、「自分だけの力で達成できた」と一瞬勘違いをしてしまったことがありました。けれどもスランプやケガなどさまざまな経験を積み重ねることで、いい成績を残しつづけるためには、周りの人の手助けがないと不可能だと気づきました。

そもそもピッチャーは打線の援護がないと勝ち切れません。また日々投げ続けるなかで、自分自身のコンディションは決して一人で整えられるものではありません。調子が悪いときにはどうしたらコンディションを上げていけるのか、自力で解決策を見いだすことは難しい。

こうして考えると結局、僕のパフォーマンスは、多くの人のサポートによって成り立っているものなのです。感謝の気持ちを忘れてしまったら、自分の力を生かすことも、発揮することもできません。

真のプロフェッショナルは、目配り、気配り、心配りに長けています。感謝の気持ちがあるからこそ、人に寄り添うことができたり、周囲の様子を敏感に察することができる。

これは社会生活にも言えることだと思います。

仕事や生活しやすい環境を作るのは、自分次第というわけです。居心地の悪い息苦しい状況で、自分のパフォーマンスを発揮・維持するのは至難の業。果たして、効率的な仕事ができるでしょうか。


ちなみに僕がプロ野球選手として一番言われてうれしいなと感じることは、友人たちから「おまえがずっとプロの舞台で投げている姿を見ると、俺も仕事をかんばれるよ」という言葉です。

感謝し、感謝される関係があるというのは、すごくモチベーションになるのです。

理想として思うのは、人気マンガである『ワンピース』です。

あのマンガのストーリーには素直さと感謝が凝縮されていると感じます。

ルフィという主人公が「俺は海賊王になる！」と宣言をして、そのピュアな姿に接する人々が次々と感化され、応援され、仲間となり、ともに目標へと進んでいきます。

素直な心と感謝の気持ちがあれば、そこに成長があり、困難だと思われることもきっと実現できる、そう信じています。

マウンドで微笑む理由
表情を変えて心のスイッチを切り替える

よく〝心が身体を動かす〟と言いますが、その逆もしかりで〝身体が心を動かす〟こともあります。

僕は微笑みのクローザーと称されることがあります。たしかに僕はマウンドでよく微笑んでいます。

これは相手バッターに気持ちを悟られるのを防ぐためでもあり、仲間に安心感を与えるためでもあります。さらに言えば、緊張してしまうと自分のパフォーマンスを発揮できないので、自分自身をリラックスさせるために楽しそうな表情をしているのです。

シーズン中、めちゃくちゃ調子の悪い日もあります。

ブルペンでまったくストライクが入らず、出番前なのにどうしようかと思うときは、言葉は悪いのですがハッタリでいくしかありません。とにかく3つアウト取るだけでいい、と腹をくくります。

ヤバいと思ってしまうと、表情で相手バッターに絶対に勘づかれてしまうので、微笑むことで「アイツ笑っているな。余裕あるな」とカモフラージュすることができます。

表情を変えることで、自分でも心のスイッチが切り替わるのを感じます。

人間、緊張すると基本的に表情はこわばるものですが、逆に歯を見せてニッコリと笑えば、身体だけが緊張するということはありません。

笑うことで、全身を弛緩《しかん》させて、リラックスをして腕を振る。

だからリリーフカーに乗ると、調子が悪いときほどスタンドにいるお客さんの目を見てニッコリと笑うようにしています。目が合ったファンの方は驚かれると思いますが、実はこうして助けていただいています。ありがとうございます。

2024年シーズンに新たに始めたことがありました。

リリーフカーに乗る前に、ブルペンで「しゃーっ！」と、気合を入れてほえることです。

夏場に打ち込まれるケースが多く、何かを変えなければいけないと考え、やるようにしました。スイッチみたいなもので、気持ちを込めたいと考えたとき、思い出したのが楽天時代にお世話になった星野仙一さんの言葉でした。


「ユニフォームは戦闘服。選手はグラウンドという戦場に行くんだ」


その気持ちを具現化するために、思いっきりほえることにしたのです。

最初は実験的でしたが、その後の僕のピッチングを鑑《かんが》みると、採り入れて正解だったなと思っています。後輩の坂本裕哉からは「キャラじゃない」と珍しがられましたが……。

ルーティンを守ることも大事ですが、ここぞというときには新しいものを採り入れる。

身体と心は密接です。

とくに身体から心に働きかけるものは、即効性があると思っているので、現役の間はトライ＆エラーを繰り返しながら、続けていくつもりです。

どちらかに偏ってはダメ 理論と感情の両輪が回るバランスのいい状態を

ロジカルとエモーショナル――。

つまり理論と感情です。この両輪が一緒に回っていることが成長にもつながり、生きていくうえでは大切だと僕は考えています。

1点差のセーブシチュエーションで、最後に絶対に必要なのは技術よりも気持ちです。「絶対に抑えたい！」という思いは、エモーショナルな部分になります。

一方でロジカルな部分はどういうものか。

例えばオフの自主トレしかり、日々のトレーニング、または本などで得た知識など、これまでの経験や知見を積み重ねてきたものになります。

ロジカルとエモーショナルの両方を高いレベルで活用していくことが、ここ近年の僕のテーマになっています。

自主トレの取り組みも例外ではありません。ピラティスをやってみたり、ラプソードを導入したりするなど最先端のトレーニングを試みます。徹底的にロジカルを追求し、成功に一番近づけられるような工夫をします。

ただ、このトレーニングをこなすだけでは物足りない。

最後はこのトレーニングを通して「自分はこれだけやってきたんだから大丈夫だ！」というぐらい追い込めたかどうかといったエモーショナルな部分がカギになります。

別の項目で〝自負〟と書きましたが、これは〝質と量〟と言い換えてもいいかもしれません。

よくインタビューで「森原さんは、何をやっているから調子がいいんですか？ ピラティスですか？」と訊かれることがあります。それも正解ではあるものの、他にもいろいろと理由はあるわけです。

どういう気持ちでコツコツ積み上げることができたのかといった感情の部分も重要なの

写真：産経新聞社

ですが、これはなかなか説明できません。

量のトレーニングをやるにしても、しっかりと考えなくてはいけませんし、最新のトレーニングをやるにしても、同様に考えを深めてやらなければ意味はありません。


「森原さんのピッチングはクールでロジカルですね」と、言われることも多いです。

じつはそんなことはありません。

あらゆることに裏打ちされた、誰にも負けない〝強い気持ち〟がそこにはあります。

僕が伝えたいのは、ロジカルとエモーショナルのどちらか片方に寄るのではなく、両方がいいバランスを持って混在することが、最も理想的なのではないかということです。


理論だけではダメ、感情だけでもダメ。

この理想的な状態をこれからも追い求めていきます。

結果を出す人は計画的で継続性あり いいとこ取りをして優先順位を守る

プロ野球の世界で生き残るために、人間観察をすることは必須だと思っています。結果を残している人は、単純に人とは違った努力をしているので、できるかぎり〝いいとこ取り〟をして、採り入れるようにしています。

チームメイトの宮崎敏郎さんは、ゲーム前のウェイトトレーニングでチーム一番ともいえる高重量を持ち上げています。話を訊いてみると、体幹に力が入らないと持てないし、正しく持たないとケガをしてしまうからだと言います。

つまり合理的な理由で、軽い重量ではなく、あえて高重量を持ち上げているのです。

それに高重量で負荷をかけていないと、いざというときに出力を発揮できないというのもあります。これは僕も真似をしているので、2年間ほど続けています。効果を実感しています。

反面、上手くいっていない人は、日によってまたは気分によってトレーニングのやり方を変えてしまっているケースが多い。何を大事にしているのか見えづらく、これではベースになる部分も構築できず、すべてが中途半端になってしまいます。

僕はそうはならないように心掛けています。

結果を残している人は、計画的で継続性もあり、年単位のビジョンが感じられます。

そして時間の使い方が上手いのが特徴です。

時間は誰に対しても平等であり、かつ有限です。

そのなかで何を優先しているのか、成績を出している人はとても明快なのです。

例えば先ほどの宮崎さんは、必ずゲーム前にウェイトトレーニングをやって、常に戦えるフィジカルを整えています。

なぜ試合前なのかというと、これは僕の想像なのですが確実にトレーニングに時間をあてられるタイミングだからだと思います。そこに時間の使い方の上手さを感じます。参考にさせてもらっています。

僕が試合前がいいと思ったのは、時間もコントロールできるし、気分も一定にしてくれるからです。それにメジャーリーグではアーリーワークは当たり前の文化です。

以前、試合後にトレーニングを組み込んでいた時期がありました。

その結果、試合で打ち込まれてしまって気分がすぐれないとか、延長になって時間が無くなったといった理由で、トレーニングの優先順位が低くなることもありました。

「打たれたし疲れたから帰ります。今日は延長で時間がないのでトレーニングしません」

これでは計画性も継続性もありません。

結果を出している人のいいとこ取りをして、限られた時間のなかでその優先順位を守って、続ける。

これも成長するために必要な要素のひとつだと思います。

最高球速は更新したい 常にMAXを追い求める

別の項で述べたように、年間を通し高重量のウェイトトレーニングを採り入れています。スクワットをやるにしても、ベンチプレスをやるにしても、その際はこれまでの重量を超えて自己ベストを出すことをいつも心掛けています。

なぜならば、ボールの最高速度を常に更新したいからです。30代も半ばに差し掛かり、選手によっては球速を求めるよりも技巧派へと転身を考えるケースもあるでしょう。

ただ僕としては、球速という部分で実際にスピードが出るかどうかではなく、目標としてのMAXを追い求めていくことが大事だと思っているのです。

そのためにウェイトトレーニングによって、シンプルに身体のエンジンを大きくしたい

写真：産経新聞社

という目的があります。

２００キロを出せる車が１００キロで走行するのと、１２０キロしか出せない車が１００キロを出すのとでは、エンジンに掛かる負荷がまったく違います。

そのイメージから身体を大きく、強くしておきたいのです。


もちろん、この年齢になって最高速度を狙う目標を設定すれば、ウェイトトレーニングに限らず、他のトレーニングをこれまで以上にやらなければいけませんし、アップの時間も増やさなければいけません。リカバリーにかける時間も以前よりも必要です。負担はもちろん掛かりますが、だからこそ30代に突入しても成長している実感がありますし、２０２４年はキャリアハイとも言える数字を残すことができました。

プロ野球選手の平均所属年数が7年と言われている状況で、大卒社会人でこの世界に入り、２０２５年で9年目のシーズンを迎えられるのは、非常にありがたいことです。

結局のところ3年後、5年後の自分をイメージして、物事を中長期的にとらえることができているかどうか。そこをイメージできる人間とできない人間には、最終的に取り組み方にも結果にも〝差〟となって表れてくると思います。

ベストパフォーマンスを発揮するために深呼吸でリラックス

僕がベストなパフォーマンスを出すために、日常生活から活用しているのが〝深呼吸〟です。これは非常に簡単で、誰にでもすぐできることです。

プロになって3年目の2019年から始めたのですが、非常にいい効果があると実感しています。

実際このシーズンは、当時のキャリアハイをマークしました。自分にとって間違いなくプラスとなり、それ以来ルーティンになっています。

人間は、普通に生活していると、基本的に呼吸が浅く、深呼吸することは稀なことだと思います。

まず大事なのは、しっかりと息を吐き切ることです。しっかりと吐いて、気持ちゆるめに息を吸います。

そのときに意識するのは丹田《たんでん》（へその下あたり）です。

肺に空気を入れるのではなく、息を吐き切ったときに丹田に重心を落とすようにすると身体が整う効果があり、同時にリラックス効果や落ち着きを取り戻すことができます。

これを毎朝起きてきてからすぐやって、寝る前もやるようになると、生活のリズムがよくなりました。

ブルペンで準備する際にも活用しています。

ピッチング練習をしていて重心が高いなと感じたときは、まず深呼吸をします。ゆっくりと呼吸をして重心を下げると、登板前に気持ちを落ち着かせることができます。

さらに以前より周りの状況も冷静に観察できるようになりました。

もちろん〝深呼吸〟ですべての不安が解消されるわけではありません。

しかし何かと忙しい世の中、１日に数回、足を止めて深呼吸するのはオススメです。

今ある現状すべてを受け入れろ割り切りも時には必要

「今ある現状すべてを受け入れろ」

マウンドに立つときの心構えとして、自分自身にこう言い聞かせています。

2023年シーズンぐらいから採り入れて実践しています。このマインドに切り替えてから、確実にいいパフォーマンスが発揮できるようになりました。


以前の僕は、プレッシャーを感じていると、緊張から鼓動が速くなっていました。

そもそも調子が悪いときは、登板前のブルペンでの短時間で焦りを抱えながら、どうにかしようとしていたものです。


前の項で書いた深呼吸のルーティンも取り入れていましたが、そのような状態でマウンドに向かっても、気持ちは完全に静まりません。

結果的に投げ急いでしまうことで身体が突っ込み、フォームが乱れるなど悪循環に陥っていました。

そこで2023年から、いくら緊張していようが、状態が悪かろうが、身体は多少こわばっていようがそうした現状をすべて受け入れてなんとかしようと腹をくくることにしたのです。

もちろん、緊張しているよりしていないほうがいいですし、調子が悪ければ準備の段階で少しでも修正して状態を上げる努力を行うのは当たり前です。

ただその結果、背伸びをして普段とは違う箇所が力んでしまうこともあれば、その日の登板だけではなく、翌日以降の試合のパフォーマンスにも影響する可能性があることにも気がつきました。

それならば無理をせず、そのときの自分自身の状況を把握し、その日できる最大限のことをやるしかないと腹をくくったのです。

キャリアを積んできたこともあるのでしょうが、今日はどうあがいてもこれができない、いいボールが行かないと理解できれば、どうにか工夫しようという意識が必然的に生まれます。

基本的にプロ野球の世界は、ベストなパフォーマンスを発揮できなければ通用しない場所ですが、こんな日もあると最悪の事態を想定し、最低限の仕事をすればいいと割り切るようになりました。

そういったマインドでここまでやってこられたのは、自分を信じていたからです。

自分を信じてあげないと、何も始まりません。誰も僕のことを信じてくれなくても、自分だけは自分を信じてあげたい。

誤解を恐れずに言えば「今日のコンディションだと1点は取られるだろうな」と、想定してマウンドに立つこともあります。

けれども最後は勝てばいいのです。

以前の僕は完璧主義だったのかもしれません。そこから脱し、すべてを受け入れられるようになったことで、自分らしく成長できたと実感しています。

最悪を楽しむくらいのマインドを改善策にフォーカスをあてて次に生かす

マウンドに上がる際〝予感〟というものがあります。

「今日は調子がいいから抑えられるだろう」、逆に「上手くいきそうにない、失敗しそうだな」と、考えてしまうときもあります。

とくにネガティブな予感が渦巻いたとき、僕が心掛けているのは、思考の部分において目先のことではなく、なるべく未来を見ることです。

急に今の自分の状況は変えられない。たぶんやられるという可能性が高まったときに、それでも何かを得なければいけない、成長につなげなければいけないと考えるようにするのです。

正直に言えば、そういった状態でマウンドに向かうのは怖いです。

普通にいったらやられてしまうという予感があるわけですから。それでも、マウンドに行く前に考えるのもおかしいのですが、何か工夫をすることで、この状況を少しでも打破し、次につなげられればとプラスにとらえるようにしています。

例えば、ランナーがいなくても、いきなりセットポジションからクイックモーションで投げたり、普段はあまり使わないスライダーを続けて投げたり、インハイを強く意識させる配球をしたり、通常とは違うことをあえてやって、未来の自分につなげる作業をするのです。

気をつけなければいけないのは、悪い状態にもかかわらず、いつものように投げてしまって失敗をすることです。それでは得るものがありません。

同じ失敗であっても、いつもの繰り返しのような失敗なのか、それともチャレンジしての失敗なのかで意味合いがまったく違います。

実際、状態が悪くても、次につながるような意識を持ったピッチングができたときは、抑えられる確率が不思議と高まるものです。

苦しいときこそ、成長のチャンスです。

これまで同じことを繰り返してやられてしまった経験があり、散々怒られてきたからこそ、これは自分自身が反面教師になっています。

こうして、すべてを受け入れることができると、確実にメンタルが楽になります。

プロ野球選手というのは、ある意味〝最悪を楽しむ〟といったぐらいのマインドではないと、やっていられない仕事だと最近思うようになりました。毎日のように試合があるわけですから。

誤解を恐れずに言うと、もし大失敗をしてめちゃくちゃ打たれたとしても、そのときはダメージを受けますが、数年後笑い話になればいいのかなと思っているのです。

これまで数々のプロ野球選手と言葉を交わしてきました。

自分の失敗談をもはやネタにして明るくしゃべっている人を見ると、なんかこの人いいなと思います。人間的な器の大きさを感じます。

プレッシャーがきつい場所であればあるほど、そういった意識の転換ができなければ、長いシーズンを戦い抜くことは難しいのです。

いくらいい打者であっても打席では7割は失敗するし、いい投手であっても防御率0・

写真：産経新聞社

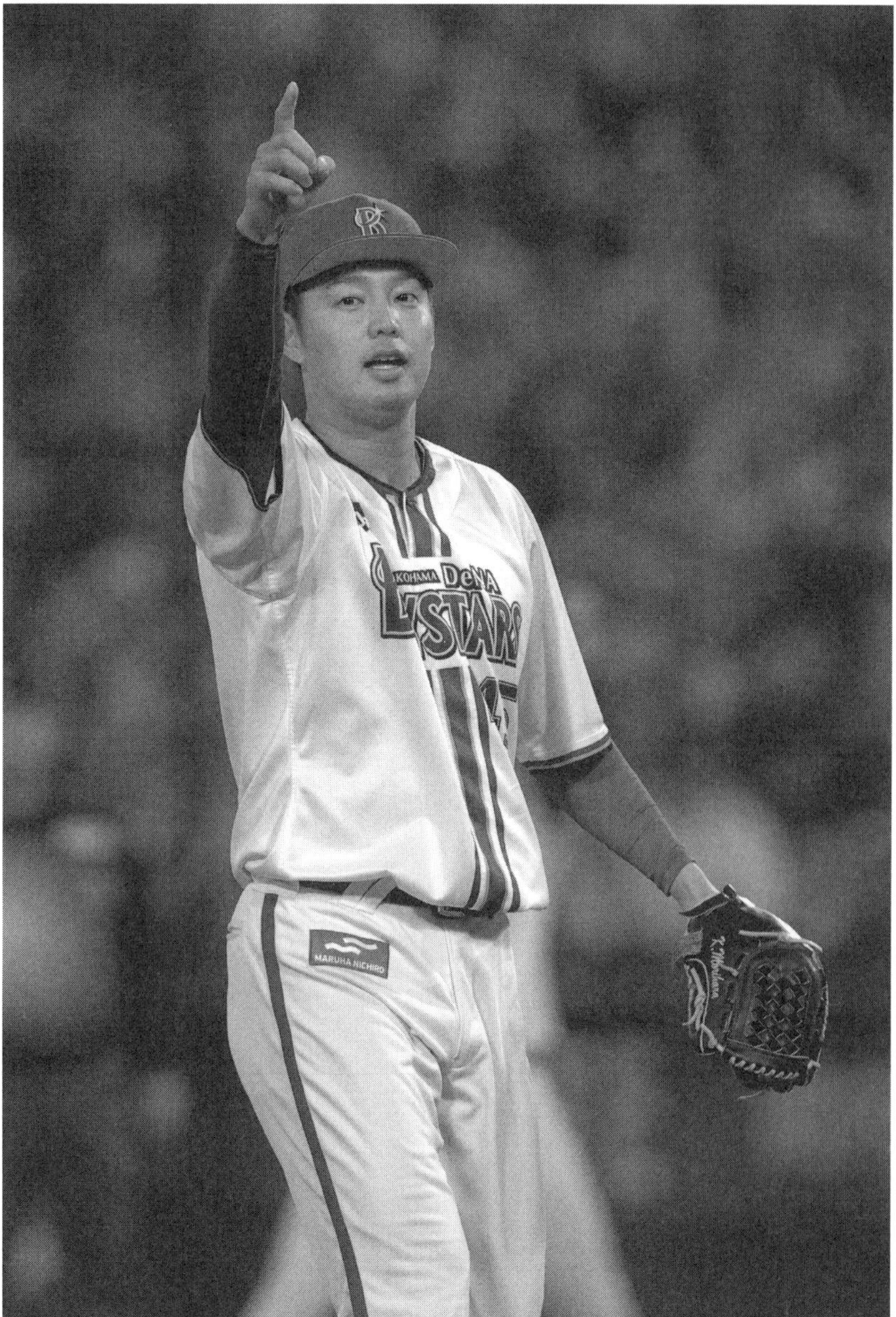

00の怪物はいません。誰だって失敗するわけです。

ですから失敗したときにはその事実をしっかりと受け止めて、二の轍《てつ》を踏まないための改善策にフォーカスすることが何よりも重要になります。

その観点から、僕は2023年シーズンを「楽しむ」、2024年を「勝ちゃえんよ」とマインドセットすることにしました。

もしかしたら〝逃げ道〟と感じる人もいるかもしれませんが、何年にもわたって長いシーズンを戦うことの、いわば〝処世術〟のようなものだととらえてくれればいいと思っています。

打ち込まれてしまえば、その瞬間は苦しいものです。

ただ、自分のことは自分が一番わかっていますし、調子が悪いときはピッチング内容が下降してきているのを自覚しているので、ここは一歩引いて我慢のときだと辛抱するのも肝心です。今はいい結果が出ていないけど、これから必ず上がってくるはずだからと思えば、つらい状況も受け入れられます。

過去を参考にして、未来を生きることはとても重要です。

大谷翔平選手の真似をしてイメトレ　コピーからオリジナリティを混ぜる

イメージトレーニングにもいろいろありますが、まず僕がスキルアップのためにやってきたのは〝コピー〟です。

一番なりたいと思う選手を探して、なりきって動いてみたり、発言してみたり、思考を近づけたり、そういうところからスタートしてきました。

大事なのは、そこにオリジナリティを混ぜていくこと。

コピーをしながら、自分の良さを付け加えていくのが理想です。

ゼロから自分を作り上げることができればいいとは思いますが、僕は平凡な選手だったのでそうはいきませんでした。だから理想となる選手をよく研究していました。

正直に言うと、大谷翔平選手の真似をしていた時期がありました。

僕が社会人時代、大谷選手はすでに話題になっていて、いつもニュースに取り上げられていました。１６０キロを投げるその剛腕には、僕のほうが年上にもかかわらず、素直に憧れました。

当時、試合に負けるときつい練習があり、根を上げたくなるときは「大谷選手のようになりたい」と、念じながら苦しさを耐え忍んでいたものです。

とくに参考にし、イメージしたのはフォームや投げるボールの質です。

そのスキルはもちろん、「二刀流なのに、あれだけのボールが投げられるのか」というアスリートとしての可能性にもとても惹かれました。

自分自身がプロを目指している状況で「不可能なことはない」と、大谷選手を見て信じることができました。

「(お前がプロに行くのは)無理だ、無理だ」と言われるなかで、不可能と言われる二刀流で戦い抜いている大谷選手を、自分に照らし合わせていたのです。

絶対にプロになってやる。

45

こういうある種の思い込みというのは、非常に大事なものです。

イメージトレーニングには〝状況を想定する〟というものがあります。

普段はあえてやりませんが、2024年シーズンは、クライマックスシリーズ突破を決める巨人戦や、日本シリーズ優勝を決定づける試合で、最後のアウトを取る瞬間を試合前からイメージしていました。

優勝が決まった瞬間、チームメイトはもちろん、首脳陣やファンの皆さんが喜んで湧いている情景を頭に描きながら当日を迎え、最後はイメージ通りに成就することができました。

イメージと現実が合わさった瞬間というのは、なんとも言えない想像以上の感動がありました。

脱・完璧主義へ SNSに投稿した「勝ちゃえんよ」の真意

2024シーズンは、開幕からクローザーを任され、最後は日本シリーズで胴上げ投手になるなど、ありがたいことに務めをまっとうすることができました。

春先、クローザーを言い渡され、自分としては最後までやり抜くことができれば、これは自分の人生にとって大きな財産になると思っていました。

このシーズン、僕のなかで大きなマインドチェンジがありました。

それはSNSでポストした「勝ちゃえんよ」という言葉に集約されています。

以前の僕は『完璧主義』の側面がありました。

しかし、キャリアを重ねるにつれ、年々『完璧主義』から遠ざかっている実感があったのです。野球以外の日常生活においてもそうです。

結局のところ野球というのは、フォアボールを出そうが、連打を食らおうが、得点されようが、最後に勝てばいい。

もちろんファンの方々は、リリーフなら三者凡退の危なげないピッチングを期待しているでしょう。しかし、シーズン中は多かれ少なかれ調子の波というものがあるので、常に完璧な仕事ができるというわけではありません。

「勝ちゃえんよ」というポストは、ちょっとした話題になり、SNS上でバズりました。その意味に関しては、いろいろと自由な捉え方をされているようでした。

シンプルですが、僕のなかでは決して浅い言葉ではありません。

2024年は、そういったマインドセットが必要だったのです。

プロになって8年目、僕は初めて開幕からクローザーを任されました。非常に重要な役割です。期待に応えなければいけないと思う一方、厳しい局面になってしまうこともしばしば起こりました。

シーズン途中、肉体的にもメンタル的にもかなりしんどいときがあり、なんとしても最後まで完走するんだという強い意志が「勝ちゃえんよ」というマインドセットを生み出したのです。

完璧なピッチングでなくてもいい。ピンチを迎えてバタバタしたとしても、これぐらいでいいんじゃないか、という許容を持って、勝って試合を終わらせることができれば、それはもう100点の仕事だと思うようにしたのです。

しっかりゴールを見据えての判断だったからこそ、結果的に、いい形でシーズンを終えることができました。

このマインドが好きか嫌いかは別にして、シーズン中に「勝ちゃえんよ」ぐらいの気持ちで投げてみてはどうかと、若い選手たちに伝えたことがあります。

結構、気に入ってくれたみたいで、この気持ちがあれば打たれたとしても、あまり引きずることなく次へと向かっていけるようでした。

写真：産経新聞社

第2章

成功につなげるための目標設定

物事は〝終わりから考える〟
早計に勢いで区切りをつけない

まず僕は基本的に物事に取り組むとき〝終わりから考える〟ことを常としています。

野球にしても、何をするにしても、いずれどこかで辞める日や、退かなければいけない日がきます。

何か壁にぶつかった際、終わったときを想定して「そのとき、どうなってしまうのか？」を考えることが、非常に重要だと思うのです。

例えば僕自身、何度も野球を辞めたいというタイミングがありました。

そういう状況に陥った場合、僕は「辞めたとき、果たして自分はどのようにこれまでの野球人生をとらえるのか」と、ゆっくりと想像してみるのです。想像した自分が後悔しているなら、「また頑張ろう！」と踏みとどまるべきだし、「辞めても別にいいや」と感じて

写真：産経新聞社

いる自分が見えたなら、続ける必要はないと思います。

僕は、辞めてしまったら後悔する自分を想像したので、粘り強く野球を続けることができました。あきらめなかったからこそ、プロという道が拓け、現在の自分がいます。

そこはきちんと終わるときをイメージして判断できたのだなと思っています。日常で何をするにしても、辞めたときに、自分はどうなるのだろうという想像を働かせることが、物事を継続していけるコツなのではないかと考えています。自分の人生の指針になっているのです。

続けていればいいことがあるかもしれない。辞めなければ、新たな出会いがあるかもしれない。けど、やるだけやってダメだった。そのとき、自分のなかにある程度の満足感や達成感があれば、次の道を模索してもいいでしょう。

僕が伝えたいのは、早計にならず、勢いで物事に区切りをつけて投げ出すことなく、一歩踏み止まって、辞めた先の未来を想像してみることの重要性です。

終わりから物事を考えることができれば、きっと今を生きるために重要なことが見えてくるはずです。

3年後のピークをイメージして行動する　謙虚さと欲のバランスを取る

成長をするために僕が常に心掛けているのは、今現在ではなく3年後をイメージして物事に取り組むということです。

プロ1年目からセットアッパーを任されて、前半戦は、まずまずいい成績を収めることができました。

そこで内心、「社会人時代と同じことをやっていればプロでも通用する。大丈夫だ、いけるぞ！」と、自分を過信してしまったことがあります。

結果その後、すぐに相手チームに対策をされてしまい、前半の勢いは徐々に低下していきました。

これは若い選手によくみられる現象です。

一定期間、いい成績を挙げることができると、どこか気持ち的に安堵してしまい「自分はできるんだ！」と、勘違いをしてしまう。その選手はどうなるのか？　自分の力を過信して、これまで以上の努力をすることなく、欲だけが出てしまいます。結果として壁にぶつかり不振に陥るのです。

そんな例をこれまでたくさん見てきました。

人間は、調子がいいときには「自分はできる。もう大丈夫」と考えがちで、目の前のことに集中できなくなってしまうことがあります。

すると「150キロのボールを投げたい」「50試合投げたい」といった、これまでに持っていなかった欲が出てきてしまう。

そうやって己の力を過信して天狗になり、調子に乗ってしまうと、最後に損をするのは自分なのです。

欲を持つのは大切なことですが、足元を見て、身の丈に合った成績を見極めなければいけません。今、自分は何をすべきなのか。

例えば「まずは1年間、一軍に帯同する」でもいいのです。

そういう意味では、謙虚さと欲のバランスを取れる人間が、どんな分野においてもプロフェッショナルだと思います。

プロ1年目の自分の話に戻りましょう。

前半戦と比べて成績が落ちてきた僕は、ここで何かを変えなければいけないと考えました。そこで至ったのが「3年後にピークを迎える」といったマインドセットです。

平凡な選手ですから、今日明日で急に見違えるようないいボールを投げられるわけではありません。

誰もが急激な変化や成果を求めがちですが、僕はゆっくりでいいから3年後に自分がピークを迎えられるようにじっくりとトレーニングをしていく選択をしました。

次第に欲や過信が、心のなかで薄まっていきました。

「今は調子がよくても、とにかく天狗にはならない。今の行動は3年後のためだ」と、自分に言い聞かせれば、焦っておかしな結果を招くことはありません。

「あくまでも自分はまだ山の麓にいるだけ。ピークはまだまだ先」と、考えられたからこそ、30歳を超えてからも成長することができたのです。

まだまだと思いながら謙虚に努力していると、「あいつは自分の力を過信しないからすごい」と、周りからも応援されますし、評価も変わっていきます。

3年後と言いましたが、人によっては5年後でも10年後でもいいと思います。未来を想像し、そのとき自分はどの場所にいたいのか。

そのためには、この練習をしなければいけない、少しずつでもこのスキルを身につけなければいけないというように、行動もおのずと決まってくるはずです。

目先の欲ばかりに縛られることなく、未来を見据え、ゆるやかでもいいから成長曲線を描くことが、長く現役選手をやっていくコツではないでしょうか。

目標を紙に書き、目につくところに貼る
ハードルの設定基準が大事

なりたい自分になるためにはどうすればいいのか？

以前からやっているのが目標を紙に書いて、それを目につくところに貼り付け、視覚をしっかり使って、物事をイメージするということです。

頭のなかで行うのもいいのですが、それではふとしたときに忘れてしまい、自分を戒めることができません。

もし何かあったとき目標を書いた紙を見れば、当時それを書いた自分の心情や思いを感じることができ、やる気や反省を促すこともできます。

簡単なことなのですが、これはすごく効果があると実感しています。

僕は次のシーズンでどうなりたいかをイメージし、自主トレからその紙を貼り付けて眺め、シーズンに入っても毎日見るようにしてきました。

これを始めたのは大学生のときだったと思います。

例えば『プロに行く』『球速155キロを投げる』『30セーブ達成』など、実現できたものも少なくありません。

逆に言うと、絶対に無理なことを書かない。ある程度、想定できる範囲のことをベースとし、ちょっとハードルを高めに設定するのがコツになります。

このさじ加減が難しいのですが非常に重要です。

自主トレ中に、その書いた紙を見ると、まずは「やらなきゃな！」とスイッチが入る感覚になります。

『60試合登板』『防御率1点台』と書いたこともありました。これを実現できるのはリーグでも2～3人で「これ俺にできるのか？」と、ちょっと頭を抱えたりもしましたが、とにかく自分が立てた目標なので、毎日それを見て自分に発破を掛ける作業をします。

正直に言うと過去「本当に達成できるのか？」と不安で、その紙を見たくないと思うときもありました。

ただ、シーズン途中に目標に近づいていると実感しているのであれば、「俺はこの目標を達成するぞ！」という気持ちが高まりますし、終盤になると「俺はこれを達成すべき人間なんだ」と思うぐらいにマインドが勝手に成長していきます。

自分自身への洗脳のようなものかもしれませんが、効果を実感しているので、これまで続けてこられたというのもあります。

前述したように大事なのはハードルの設定です。

低すぎてもいけないし、高すぎてもいけません。

ハードルを設定するには、自分の現在地を冷静に把握することも必要になってくるので、足元を見るという意味でも有意義だと思います。

日本一になった2024年シーズンは、目標を10個ほど紙に書いたのですが、できなかったのは2個だけだったので、よかったほうだと思います。自主トレをともにする若手メンバーにも勧めました。全員、いい効果があったと言ってくれました。成功体験があると自信を持ってまた次に行きやすくなるので、今後も続けていってくれたらうれしいです。

「目標は口に出して公表したほうがいいのではないか」と言われることもあるのですが、単なるビックマウスととらえられてしまうのも嫌なので……。そこは謙虚でいようと思います。

もちろん自主トレの仲間や家族はその紙を見ています。

だから自分だけではなく、そういった人たちのためにも目標を達成したいと思いますし、それは確実に自分の力になっています。

小さな目標を一個ずつクリアその繰り返しがゴールにたどり着く最善策

前の項目で目標設定は高すぎても低すぎてもいけないと書きました。あまりにも遠くにある大きな目標は、達成までに物理的に時間がかかります。そもそも長い時間を要するため、途中で心が追いつかなくなり、挫折しがちです。

そこで小さな目標を一個ずつクリアしていき、その都度、自分にご褒美を与えて、また次の小さな目標に向かっていく方法がおすすめです。

少なくとも僕は、こういったゲームをクリアするようなやり方のほうが頑張れます。毎年登板数など細かい目標を設定して、それを達成するために努力する。これを繰り返すことで、大きな目標へたどり着くことが理想です。

まるでゲームの『スーパーマリオ』をやるように、小さい目標である『1ステージの1』をクリアしたら、その成功体験によって自信を得て、次は『1ステージの2』をクリアするために頑張っていく。そしてそれを繰り返して、最後はラスボスにたどり着く。

少し話がそれますが、野球の世界でも一般社会でも、結果を残している人たちと接して感じるのは基本、真面目な方が多い。

ただ大半が単に真面目で手堅いというわけではありません。

とにかくトライ&エラーを繰り返し、まずやってみることを大事にしています。

ベンチャー企業などの創業者もそうですが冒険心みたいなものがあり、僕はそこにすごくゲーム性みたいなものを感じるのです。

そして、何をするにしても〝準備〟が大切なのは言うまでもありません。

あなたがフルマラソンを走るとします。

42・195キロを完走することがゲームのゴールなのですが、そのためには日々のトレーニングは欠かせませんし、水分補給や栄養面などの勉強もしなければなりません。本番前にはしっかりと休養をとり、リカバリーをしなければいけません。

全体像を見て、これはどういうゲームなのかを理解して、目標というゴールに向かって作戦を立てて挑む。

年数を重ねるたびに、野球にしても何にしても、こういったゲームをやるような感覚で物事を俯瞰できるようになってきたような気がします。

30歳を超えて生きるコツをつかんだというか、人生に少し慣れてきたのかもしれません。

せっかくやるならば、楽しく面白くもしたい。

どんなことでもゲーム感覚を持ちながら、目標に対する日々の準備はもちろん、深く学び楽しみながら、これからも失敗を恐れずトライしていきたいです。

成功を収める人ほど芯の強さがある覚悟と執念を持って「自分の理想像」へ

僕なりに成功する人の特徴を分析してみると、まず覚悟の強さが感じられます。決してブレることなく物事に取り組んでおり、傍から見ていても、芯が強いことがわかるのです。

僕はプロ野球選手としてばかりではなく、芯の強い人を尊敬しています。前向きでポジティブ、そして苦しいことから逃げ出さず、誰のせいにもせず生きることができる人。

人間、決して誰もが強いわけではありません。

時には目の前の現実から逃げてしまうこともあります。

または誰かのせいにして、自分だけは安全地帯に逃げ込んで、嵐が過ぎるのを待つといったように悪い意味で利己的な部分も持ち合わせています。

けれど、それでは成長は望めません。

仕事で結果が出ないとき、誰かが悪かったとか、または環境や状況のせいにしていませんか？

対人関係で問題が発生したときに、相手が悪いと一方的に決めつけることなく、まず自分に原因や責任はなかったかと省みる。それを自然にできる人は、すごいです。

自分自身そうありたいと思っています。

今でこそ僕は、何事に対しても前向きでポジティブな人間だと自認していますが、もともとはコミュニケーション能力が低く、非社交的なタイプでした。

根は真面目でしたが、あるとき、このままでは自分のパフォーマンスを出しにくいと気づいて、人生を楽しむ意味でももったいないと思ったのです。

いろいろな本を読むうちに、〝ポジティブ思考〟に関する効果が書かれている本に出合いました。そして自分でその考えを咀嚼《そしゃく》し実践することで、だんだんと良い方向に導かれていることがわかりました。

徐々にですが、自分に自信や芯ができ上がっていきました。

マウンド上での微笑みもそのひとつです。

やってみると自分ばかりではなく、周りにいい影響を与えることもでき、ファンの方々にも喜んでもらいました。

何をやるにしても、最後に責任を持つのは自分です。

因果応報、すべては自分に返ってくるのですから、上手くいかないことがあったときほど逃げず、現実と向き合うことが生きる上で大事なことだと僕は信じています。

また覚悟が強い人ほど、どうあがいても無理だと思った瞬間に「仕方がない」と、次に向けてスイッチできるようなところもあります。

ここが面白い点です。

覚悟を持ってやってきたからこそ、限界を悟り、違う道を建設的に模索できるのでしょう。

そういう思いで野球に取り組んできたかつてのチームメイトは、野球を辞めたあとでも成功している人がとても多い。

道は変わっても、本気でやってきた経験が次の場所で生かされるということなのでしょう。

その覚悟や芯の強さを支えていたのが執念です。

あくまでも僕の例ですが、野球を始めたときから、常にチーム内で一番を目指していました。始めたころは一番下手だったにもかかわらず、元来の負けず嫌いの気質がそうさせたのでしょう。とにかく練習量でもプレーでも一番を目指しました。

チーム内でなんとかエースになれたら、次は地域内で一番ピッチャーを目標に努力する。僕の野球人生は、執念を持って一番になることの繰り返しだったような気がします。

そのおかげで僕はプロ野球選手になることができました。

中学生のときはチーム内では何をやらせても最初は最下位だった自分が、まさかプロになるとは誰も思っていなかったでしょう。

ドラフトで指名されたとき、故郷の広島県福山市で、中学生時代に所属した神辺レッズがお祝いの会を開いてくれました。

そのときのあるチームメイトのスピーチが印象に残っています。

「僕は正直、康平がプロに行くとは思わなかった」

そうだよなあと思い苦笑して聞いていましたが、彼は次のように続けました。

「でも、康平は頑張ってきたんだと思います」

その言葉を聞いてすごく救われたというか、覚悟と執念を持ってここまでやってきてよかったと思いました。


皆さんも「こういう自分になりたい！」と理想像を持っていることでしょう。

だったら、評価を気にせず、自分を信じて取り組んでもらいたい。

必死にブレずに理想と向き合うことで、いろいろなものがきっと見えてくるはずです。

夢と目標は似て非なるもの 成功の価値は人それぞれ

誰しも、夢や目標を持っていると思います。

夢と目標は、同じような意味があるかもしれませんが、僕にとっては似て非なるものです。

まず、夢とは何でしょうか？

僕にとっては〝どのようにして生きたいか〟といった漠然としたものを意味しています。

一方で目標は〝夢を実現するためには具体的に何をすればいいのか〟ということになります。

具体的に書くと、僕の夢は正直に言うと自由に生きることです。

時間やお金に縛られることなく、やりたいときにやりたいことをやり、会いたいときに会いたい人に会って、行きたい場所に行く。

ちょっと壮大過ぎて、これは究極の夢かもしれません。

これを実現したいがために、今があります。

野球という仕事に懸命に取り組み、本を読んで知識を増やし、経済などの勉強もして、なるべく自分とは異なる経験を持っている人と会って話を聞くようにしています。

この行動が、自分にとって目標だと言えます。

野球に関しての夢というのは、じつは今のところありません。

プロ野球の世界は僕にとってボーナスステージのようなものです。学生時代から一生懸命プレーをして、ようやく入ることができたのですから、後悔することなく存分に楽しもうと思っています。

とある調査によれば、毎年100人前後の選手がドラフト会議で指名されプロ入りしますが、それは高校、大学、社会人全選手に対してほんの一部であり、確率で言うと0・

1％程度。さらに10年以上、プロの球団に在籍できる選手は約4割。もっと簡単にすると、プロの世界で活躍できる選手は、野球人口1万に対して一人だと言います。

そもそも野球における成功とはなんでしょうか？

現役で10年間プレーすることなのか、年俸が1億円に到達することなのか、または侍ジャパン入りすることなのか。

自分としてはこれらが成功だとは考えてはいません。

成功の価値は人それぞれなのです。

もともと野球を何歳まで絶対にやりたいという考えはありませんでした。

しかし、2024年シーズン、日本一のメンバーとなって、ファンの方々にこれほど勇気や感動を与えることのできる仕事なのだと実感しました。

ですから、多くの方々に希望を与えられる野球という仕事をなるべく長く続けていきたい。それだけは思っています。

選択を正解にするために行動する
成長のためにあえて厳しい道を選ぶ

野球における夢はない、と前述しましたが、かつてプロ野球選手になることは僕にとって漠然とした夢でした。

ただ夢であったプロ野球選手を、あるときから「力づくでも正解にしなくちゃいけない」と思ったのです。

野球を続けていくと、高校・大学・社会人といった節目を迎えます。そのたびに果たして進路はどうするのかと考えます。僕はプロになりたいという気持ちはひそかにありましたが、そこまでの選手ではないと自覚はしていました。

けれども、僕は野球を続けました。

野球が好きだから続けたことには間違いありません。

しかし、一番の理由はここまできつい練習をして、膨大な時間をかけて野球をやってきたのに、もし辞めてしまったら、今までの頑張りが無駄になってしまうと思ったからです。

キャリアを重ねるたびに「何がなんでも絶対に自分の歩みを正解にしてやる」という思いが強くなっていきました。

選んだ選択肢を正解にしようと思った地点で、プロ野球選手は夢ではなくなりました。ダメだったら辞める覚悟も含め、絶対に成し遂げなければいけないという目標に切り替わったのです。これもまた自分を信じ、粘り強さと忍耐力がなせた業です。

人生、あらゆる局面で選択に迷うことはあると思います。

悩んだ挙句、なかなか踏み出せない人も多いことでしょう。

僕は一度選んだなら、とにかくそれを正解と思えるまでに持っていくことが大事だと考えています。そのためにはどうすればいいかを探り、行動して具現化していくのです。

例えば僕は社会人野球でプレーする右の上手投げピッチャーなので、球速150キロを出さなければプロに入れる可能性は低いと分析していました。

だったら、そうするために何をしなければならないのかを考えて練習する。目標が明確であるのならば、必然的に選択を正解にするための答えは見えてくる。しっかりとそこにフォーカスして自分の力を高めていくことが重要になります。

ところで、どうして僕は「プロになりたい」「プロになれるはずだ」と長年の間、考えていられたのでしょうか。

やってきたことを無駄にできないという思いが強かったことに加えて、「もうちょっと頑張ればあの場所に行けるんじゃないか」と思えるギリギリの位置にいたからです。

いい意味で勘違いしていたのだと思います。表現を変えれば、馬鹿になれた。

もし、もっと現実主義者であったら、そうは思っていなかったかもしれませんし、早い段階であきらめていたかもしれません。

ある意味で当時は視野が狭かったのが功を奏したのかもしれません。

その結果が、今という状況を生み出すのですから、人生わからないものです。

次に物事を選択する際に心掛けていることを記します。

それはなるべく厳しい道を選ぶ、ということです。

人は安易な方向に流れがちですが、それではなかなか成長は望めないし、得る物も多くはないでしょう。

苦しいことから逃げない、という自分のなかで核ができたのは、中学3年間所属した神辺レッズでの厳しい練習をやり遂げたことによるものです。

とはいえ当時は考える余裕などなくて、ただただ目の前のことをこなすことで精いっぱいでした。

何度も野球を辞めたいと思いましたが、その都度、山本泰造監督から諭されました。

両親も僕の思いにあれこれ言うこともなく、自分にすべての判断を任せてくれました。

意図して、厳しい状況を受け入れ成長しようということを意識し出したのは、大学生になってからだったと思います。

本も読むようになり、考える力もついてきたころです。

イチローさんの「壁は越えられる人間にしかこない」という言葉に勇気をもらい、いくらしんどい状況になっても、これは自分の成長するためのものなのだと、いつのころからか素直に受け入れられるようになりました。

もし、厳しい道を選んで上手くいかなくても、人生をトータルで考えた場合、その経験は〝面白いもの〟として受け入れられるのではないかと思ってきました。

人生の選択において〝面白い〟という要素は、自分の気持ちを豊かにしてくれます。つまらないより、面白いほうがいいに決まっていますし、やる気も湧いてくる。

僕は、元来ストイックな面が強いのですが、とくにプロになってからは、いろいろなことを面白がれるようになりました。

例えば2024シーズンのクライマックスシリーズファイナルの巨人戦。勝ったほうが日本シリーズ進出が決まる第6戦で、僕は1点差の場面で最終回のマウンドに向かいました。

普通なら緊迫の場面で心臓バクバクなのですが、登板前のブルペンで肩をつくっているときに小杉陽太投手コーチから「これは面白いな」と言われたのです。僕もほどよい緊張感を持ちながら「面白いですね」と返しました。

かなりしびれる状況にもかかわらず、本当に極限のところで「面白い」と思える感覚があったのです。

これは厳しい状況をあえて選んで歩み、いろいろな経験を積んできたからこそ到達することができたマインドセットなのでしょう。

極限を面白がれるようになる——。

それは本当に自分が成長した証だと感じられました。

厳しい道だからこそ、人よりも努力をしなければいけないし、学びも深くしなければいけません。

自分の選択を正解にしなければいけないので、厳しく険しい道であろうと、全身全霊でエネルギーを注ぎ込むことができます。

だから僕は、厳しいと思ったほうを、常に選んできました。

結果として、その道を成就することができなくても、そのときに身につけたスキルや経験は必ずその後の人生の役に立つはずだと思っています。

写真：産経新聞社

エリートではない男の生き残る術
人材がいない場所に照準を定める

25歳の遅咲きとしてプロ入りした僕ですが、今、情熱を持ってやりたいと思っていることがあります。

それは、30代半ばに差し掛かっても、まだまだ成長しつづける姿を見せることです。メジャーリーグでは30代半になってもまだまだパフォーマンス力を上げて、チームの中心として活躍する選手がいます。日本のプロ野球界はどうでしょうか。

メジャーリーグ以上に30代半ばあたりに太い線引きがあるように感じます。もちろん例外もありますが、少しでも怪我をしたり調子を落としたりすると、翌年の契約を結ばないケースが往々にしてあります。

33歳からこの先もやっていけることを証明したい。

遅咲きでエリートではないからこそ地道に歩める術を知っています。その強みを存分に発揮したいのです。

誤解を恐れずに言えば、僕の性格上、エリートじゃなくてよかったと思っています。

これまでプロの世界でいろいろな選手を見てきましたが、アマチュア時代にその世代のトップを走ってきた選手でも、レベルの高いプロの世界に入ると、ファーム暮らしや、一軍と二軍を行き来してしまうことが多々あります。

そこで「俺がアピールしなければいけない立場なのか？」と、経験したことのない壁にぶち当たります。

この現実を受け止め、越えていくのは非常に大変なことです。

注目度も高いうえに、人にはわからないプレッシャーもあるでしょう。

僕は、そんな状況ではまったくありませんでした。

期待もさほど高かったわけではありません。プレッシャーを感じる要素があったとすれば、大卒社会人からの入団という立場上、早々に結果を出さなければリリースされてしまうといったことだけでしょうか。

入団時、自分なりに戦略を立ててみました。

まず社会人を3年やって入団した僕を、周囲はどのように見ているのか。ここをしっかりと認識したうえで、プロ1年目をどう過ごすべきなのかを考えました。

球団のスカウトさんから「即戦力のリリーフ投手として考えている」と言われていたので、まずはその言葉を信じて、アマチュアでやってきたことすべてをぶつけました。

それを経て、じゃあ2年目はどうするのか。

数年後になりたい自分をイメージしながらも、そのときに何をすべきか周りを観察して、しっかりと考えていくのです。

例えば、試合に出るためには、どういうピッチャーになればいいのか？

チームに速球派のピッチャーがいなければ、自分がそうなることでアクセントとして使ってくれるでしょうし、変則のワンポイントがいなかったら、そのポジションを取りにいくというのもひとつの手段だと考えていました。

とにかく人材がいない場所を狙うのです。

なぜそういう考えに至ったのか。

ずばり、僕がエリートではないからです。

エリートの選手は、チームが求める役割に徹して邁進すればいい。しかし、僕のような立場の人間はそうはいきません。

まずプライドをかなぐり捨てて、自分の立場や能力を認識することが重要になります。次にどうすれば生き残れるのかを考えて実践をする。実際に僕はその繰り返しでした。

捨てていいプライドは捨てる。これも大切なことかもしれません。


この戦略にたどり着けたのは、読書をしたり、人の話を聞いたり、周りを観察したりすることで触れてきた知見があったからです。

たぶんこれらの知見がなかったら、能力先行型の選手として、早々にプロ野球人生を終えていたでしょう。

いいか悪いかは別にして、自分らしく歩めていることは間違いありません。

視野を広げてモチベーションを生み出す準備に全振り、地道が最大の近道

楽天時代に、クローザーを失敗したあとや、肘のクリーニング手術をしたあと、以前ほど期待されていないなと感じることがありました。

それは起用方法やリリーバーの序列を見れば察することができます。

もちろん最初は、その状況を打破するために頑張るわけですが、一度ついたレッテルというのはなかなか剥《は》がれない。

仮に数字を残しても、以前と扱いがあまり変化しないことがありました。

もちろん、若手を育成し、戦力にしなければいけないなどチーム事情もあったと思います。

そういう状況になってしまうと腐ってしまう選手もいますが、僕の場合は違いました。まず組織からの期待値が下がっていることを冷静に受け止めます。そして、それをあまり重く考えないようにします。心と身体は密接ですから、ネガティブな深みにはまるとピッチングにも影響しかねません。

とはいえ、何のために頑張るのか、理由を作らなければいけません。モチベーションがなければ、ただいたずらに時間は過ぎていくだけです。

僕の場合は、球団は他にも11あると思って、ファームの試合ではバックネット裏にいるであろうプロスカウトにアピールするように三振を取りに行きました。

もちろん一軍で投げているときと同じ質のボールです。でも、ファームにいるときはチームの勝利というよりも、他球団にアピールするつもりで投げていたのが正直なところです。

150キロも出るし、フォークで三振も取れる。

どうぞ見てくださいという気持ちです。

決して所属チームに不満があったというわけではなく、何か別のモチベーションを持たなければ気持ちが乗っていかない。頑張る動機が必要だったのです。

それでいいピッチングができて、再び一軍に呼ばれるようになれば、それに越したことはありません。

あくまで自分のなかだけで考えていたことです。

その日、その日を精いっぱい頑張っていれば、誰かが見てくれているはずだと信じられるか。そのために最善を尽くしています。

苦しいと思うときは、視野をパンッと広げてみてください。

内向きになってしまうと、どうしても人間は、息苦しくなってしまいます。

よく若い選手たちから相談を受けることもあるのですが、ほとんどの場合、自身では深刻な問題としてとらえているようです。だからその都度、こう言うようにしています。

「自分の半径何メートルのことだけにとらわれることなく、視野を広げればいい」

最近わかってきたのは、この言葉を人から言ってもらうのではなく、自分で処理できると、より前向きでポジティブな人間になれるのではないかということです。

僕はトレードとなりベイスターズに来ました。

トレードはまだ一般的に少しネガティブなイメージがあるかもしれません。

当事者である僕から言わせれば、求められて行くのだからチャンスしかありません。成長や進化、そして経験値というのが、僕が一番大事にしていることなので、移籍はそれを促してくれるものだと、とても前向きにとらえています。

実際、環境の変化は確実に自分のプラスになりました。必要だと思ってもらい指名されて移籍しているので、否が応でもモチベーションは上がりました。

クローザーを任せてもらえるぐらい、自分を高めることもできました。


さて、プロ野球の世界に身を置いて8年以上経ちました。

この環境はやはり僕にとって〝ボーナスステージ〟です。

プロになりたいと思っていても、なかなか手が届かなかった世界。いろいろな苦労をしてきて、ぎりぎりでようやくたどり着いた場所ということもあり、存分に楽しまなければいけないという気持ちが強いのです。

考えてもみてください。9回の一番タフでプレッシャーがかかる場面を任される。限られた者にしか許されない場所で、幸いにも僕はマウンドに立つことができています。

この状況を苦しいと思うよりも、ボーナスステージだと思って楽しむほうがいいに決まっています。

本書で何度も述べていますが、僕は終わりから物事を考えています。

現役を終えたときに、自分は果たしてどう思えたら幸せなのか。


とくに2022年のシーズン途中にベイスターズに来てからは、自分が想像していた以上に野球を楽しむことができています。

日本一にもなり、胴上げ投手にもなれました。常に未来に対しいいイメージを持つようにしてきましたが、ここまでのことを達成できるとは正直思ってはいませんでした。

そういう意味では、縁や運、タイミングに恵まれてベイスターズに移籍することができたと、感謝しています。

写真：産経新聞社

視点を変えればピンチもチャンスに
ゴールに向けて時間を有効活用

プロになって僕はこれまで2度、右肘のクリーニング手術をしています。

最初は2018年3月でした。クリーニング手術は復帰まで約4カ月と言われていて、僕は自分の考え方のベースにある〝終わり方の逆算〟をして、復帰までのスケジュールを立て、丁寧にリハビリとトレーニングを遂行しました。

手術をするとチームから離れることになり迷惑をかけてしまいます。

しかし、なってしまったものは仕方がありません。それならば早く手術をして、できるだけ早期の復帰を目指したほうがいい。

考えたのは、やはり自分の置かれた状況をいかにして正解にするのか、ということでした。

この状況をどのようにして生かすのか。

普段やらないトレーニングに取り組み、トレーナーさんとのコミュニケーションで新たな知識を得て、チームに帯同していてはできない経験をたくさんしました。確実に自分のプラスになりました。

起こってしまったことを悔いるのではなく、それをどうプラスの経験に変えていくのか。ゴールを決めて逆算して物事を考える。

これは野球の世界だけではなく日常でも使える考え方だと思います。

この思考で取り組めたからこそ最初の手術後のリハビリ期間は、いい時間を過ごすことができました。さらに復帰後のピッチングの状態も非常に良かったのを覚えています。

このときの成功体験があったから、2022年1月の再手術も躊躇なく踏み切ることができました。

リハビリの時間を有意義なものにできるかどうかは、その人の考え方次第だと思います。

もちろん本当に復帰ができるのか不安にとらわれてしまう人もなかにはいるでしょう。でも、僕はとにかく前向きに受け止めました。自分の身体への考え方が深まり、またリハビリを頑張る仲間との絆も生まれて、半年後は一緒に一軍でばりばり行くぞ！　といったモチベーションにもつながりました。

リハビリ以外の時間では、普段会えない人と親交を深めました。そこで学んだ知識や経験は復帰後の自分に役立てていくためのものです。

ちなみに球団から手術したことが発表されると、知り合いやファンの皆さんからお見舞いや激励の連絡が届きます。これもまた自分をやる気にさせてくれます。応援してくれる人のためにより一層頑張ろうと思うことができます。

人生のピンチも物事の見方を少し変えてみるだけで、チャンスに転換できる可能性が大いにあるのです。

写真：産経新聞社

第3章

人として成長するために

やりたいことと求められる役割の矛盾
他人の人生を生きず、自分に正直に

人間社会は、言うまでもなく他人との関わり合いで成り立っています。

友人や職場の上司、部下など毎日のように接する人は多く、冷静に周囲を見渡せば、人は一人では生きてはいけないことに気づきます。

ゆえに悩みの大半は、〝人間関係〟だと僕は考えています。

トライしたいことがあるのに人の目をうかがってしまいチャレンジできないこともあれば、必要以上に周りの評価を気にしてしまい自分が出せなくなってしまうことも少なからずあるでしょう。プロ野球の世界はもちろん、会社に務めている方々も同様だと思います。

往々にして、自分がやりたいことと、人から求められることは違う場合が多いものです。

例えば学生時代の野球部で、指導者から「お前はピッチャーではなく野手をやれ」といった指示があり、従わざるを得ない場面があるかもしれません。

けれども自分は、ピッチャーになりたいと本当は考えている。

心のなかに矛盾が生まれる、判断の難しい場面です。

ここはしっかりと考えて、自分と向き合って納得できるのであれば野手をやればいいし、納得できなければピッチャーの道を進んでいくべきだと思います。もしくは野手をやりながらでもピッチャーの可能性を模索する。

少なくともこれまでの僕は、自分主導で物事に取り組んできました。

他人の意見は受け入れますが、自分自身がどう思うのか。自分勝手でも妥協でもなく、とにかく他人ではなく、自分の人生を生きるためにどうするかを考える。

学生時代はずっとエースを目指して先発をやってきましたが、プロになると自分が生きるために何がベストなのかを模索してリリーフに転身をしました。

1回かぎりの人生です。

ちょっと乱暴な言い方になってしまいますが、最後は人間どうせ死んでしまうのですから、やりたいことをやったほうがいいのは明白です。

他人に言われて盲目的に従うだけではなく「自分がなりたい自分に近づきたい」「夢を追いかけたい」と思ったら、まずそこに正直になるべきだと思います。

ただ、それだけではわがままになってしまうので、そうならないためには、自分の理想を追いつづける理由や、それ相応の努力が求められます。

『進化論』を提唱した、チャールズ・ダーウィンは次のように言っています。

「最も強いものが生き残るのではない。最も賢いものが生き残るのでもない。最も変化に敏感なものが生き残る」

これは野球の世界でも同じことだと僕は考えています。

自分の特性を知り、果たして何をすべきなのか。他人の人生を生きないためにも、まずは自分のことをよく知ることが大切です。

写真：産経新聞社

好奇心と行動力を失わない感性をすり減らさずにトライする

僕は結婚をしていて子どもがいます。家庭生活を送るなかで、いつも感心させられるのは、子どもの旺盛な好奇心です。

初めてのモノやコトに遭遇したときのあのキラキラとした眼。欲求や衝動に駆られて自分を抑えきらない様子を見ると、すごいなと素直に思うのです。

「このボタンは押してはいけないよ」と、わかりやすく説明をしても、子どもはボタンが気になってしまい、結局気持ちが抑えられず、最後はボタンを押してしまいます。

この好奇心と行動力は大人になっても非常に大切なものだなと感じるのです。

人間、年齢を重ねると好奇心がどうしても枯渇してしまう傾向にあります。いろいろな経験をしているので、感性が擦れてしまうのは、仕方がないことかもしれません。

でも、それでは自分の可能性を狭めてしまうような気がします。

自分の感性のアンテナを高く張って、いろいろなことに興味を持つことは、言うまでもなく人生を豊かにすることにつながります。

なんでもいいのです。家族でキャンプを始めるとか、大型バイクの免許を取るとか、ちょっとでもアンテナが反応したことを始めることで、新たな学びはもちろん、これまで接することのなかった人たちとも交流ができ、新たな発見や考え方が身につく可能性が高まります。

僕は学生時代に野球一辺倒だったので、いい意味でゆるい大学のサークル活動に憧れていました。きっと共通の会話を持つ人たちと過ごすことは、人生で楽しい時間だと思います。

今もできればそういう時間を持ちたいですし、そのためには好奇心をすり減らしてはいけない。きっと仕事へのモチベーションにもつながることでしょう。

自分では好奇心は旺盛なほうだと思っています。

例えば野球であれば、最新のトレーニング方法について興味津々です。日本球界はメジャーで実施されていることや、選手たちが取り組んでいることが3年遅れで入ってくると言われます。

数年前から日本で話題になっているアメリカのトレーニング施設『ドライブライン・ベースボール』なども、創設されてずいぶん時間を経てから日本で知られるようになりました。今では毎年のように同僚選手たちも海を渡るようになっています。

僕はかねてから、この3年というタイムラグを1年でも早くキャッチできないかと、好奇心をもって情報をいつも集めてきました。

結果、そんなアイデアを生かしたトレーニング施設の立ち上げに関わることができ、オフ中の拠点として活用しています。

僕が30歳を過ぎても、年々コンディションを上げることができているのは、ベースにきっと好奇心があるからでしょう。

何事に対しても感性をすり減らすことなく、興味を持ってトライすること。

それが自分の可能性を高めてくれる要因になると思います。

たどり着いた「死ぬこと以外はかすり傷」誹謗中傷にどう向き合うか？

あまり思い出したくはないのですが以前、とてもひどい誹謗中傷に晒されたことがあります。

楽天時代の2020年シーズン、僕はクローザーに抜擢されましたが、抑えきれないことが続いてしまったのが原因でした。

SNSやスタジアムで「お前は野球をやる資格はない！」「顔も見たくない！」「地元に帰れ！」など、他にもここでは筆舌に尽くしがたい言葉を浴びせられました。

33年の人生を振り返っても、誹謗中傷によりこれほどメンタル的に落ち込んだことはなく、まさにどん底へ叩き落とされた感じでした。

人間というのは不思議なもので、あまりに厳しい言葉を幾度となく浴びせられると、本当に「自分は野球をする資格がないのでは」「プロにならないほうがよかったのでは」と、考えてしまうものです。

なかでも一番つらいと感じたのは、親しい友人たちから「大丈夫か？」と、心配されることでした。

当時「お前、いろいろ言われているけど大丈夫なのか？　俺は応援しているからな！」と、友人たちからメッセージが届きました。

すごくうれしかった反面、ものすごく気持ちが垂れ込めたことを思い出します。

僕としては友人たちに心配かけたくなかったし、弱さを見せたくもなかったので素直になれない自分がいました。今思えば、本気で心配してくれた友人たちの言葉には、本当に感謝をしています。

与えられた仕事をできない自分への不甲斐なさをはじめ、ぐるぐると悪い考えが巡る悪循環に陥ってしまい、ついには「起用した人間が悪いんだ」と、責任転嫁するような思いも芽生えていきました。本当に気持ちが弱っていました。

ただ、落ち切るところまで落ち切ってしまい、しばらく時間が経つと、にわかにこのままじゃいけないという思いが湧いてきたのです。

この状況とこの感情を自分なりに処理しなければいけない。そうしないと、もう二度と立ち直ることはできないと危機感がありました。


自分を救ってくれたのが、日課としている読書でした。

片っ端からメンタルに関連した、自分の状況とつながりそうな本を読みました。なかでも僕の心を前向きにさせてくれたのは、編集者の箕輪厚介さんが書いた『死ぬこと以外かすり傷』でした。

読み進めていくうちに「これだ！」と納得し、タイトルどおり「死ぬこと以外はかすり傷だ」と思えたのです。僕はつらい状況ではあったけど死んではいないし、まだプロ野球選手。徐々にではありますが、もう一回挽回を試みようと、反骨心みたいなものが芽生えてきました。

「誹謗中傷した人間、全員見ておけよ！」といった具合で、最後は、そんな彼らに「心に火を点けてくれてありがとう」とさえ思えるようにもなりました。

この騒動は、本当にいろいろな学びがありました。プロである以上、いつ何時であっても結果を出さなければいけない。すべては結果次第なのだと。わかっていたことでしたが、改めて厳しい目に晒され気づかされました。責任転嫁することも、とても愚かなことだと反省しています。

何より僕がプロになれたのは、両親がサポートしてくれて、地元の友人たちの応援があって、アマチュア時代の指導者の方々が信じて起用してくれたからです。そしてスカウトの人が自分を見つけてくれて、憧れていたこの世界に足を踏み入れることができました。

ここで心折れて野球を辞めてしまったら、恩返しできません。自分の歩んできた道を正解にするためにも、ここはパワープレーになるかもしれないけど、もう一度立ち上がって前に進むしかない。とにかく失敗を恐れず、自分の歩んできた行程を正解にするんだという思いだけでした。

本当にあの出来事を経たことで、精神的に強くなることができましたし、今の自分があると思っています。叩いてくれたおかげで、逆に反骨心が生まれ、以前よりも強靭なハートを持つ人間になれました。

今では苦しいことがあると、逆に小さな幸せが引き立ち、常にその幸せに感謝の気持ちを持てるようになりました。

若い選手からも誹謗中傷に関する相談もよく受けるようになりました。「めちゃくちゃ叩かれました」と、意気消沈して彼らは言います。「森原さんだったらどうしますか？」と問われると、僕は決まって次のように答えます。

たとえ誹謗中傷であっても、自分の名前が取りざたされることは決して悪いことじゃない。プロとして一番きついのは名前を呼ばれず、話題にもされないことだよ。叩かれようが、第一線に立っているからこそ名前が出る。だから悪く考える必要はないし、気にかけてもらえると思って前向きにとらえていこう。

誹謗中傷を浴びせる人間についても言及します。

おそらく彼らは頑張っていないし、挑戦していないから、人の心をえぐるような言葉を軽々しく使ってしまうのだと思います。

ネットという顔の見えない場所から石を投げているだけですし、そんな人たちの言葉を真に受けても時間の無駄でしかありません。

普段から何かに一生懸命挑戦している人や、日々コツコツと頑張っている人は、人に対して絶対にそんなことは言わないと信じています。だから気にする必要はないし、その価値もないんだよ、と。

このご時世、選手自身がうまく受け流す、つまりスルースキルを身につけることも必要になるでしょう。

スルースキルはトラブルばかりではなく、人の意見を取捨選択する場合にも活用しています。前述のようにとくにスポーツの世界は、さまざまなアドバイスや指導をいただきます。最初から否定はせず、その後しっかり自分で吟味し、スルーしてもいいものはしています。

ベストなパフォーマンスを発揮するために、人間関係やＳＮＳとの距離をどう上手にとっていくかもとても重要です。

読書が生きるヒントを与えてくれる野球とリンクして、心のサポートにも

読書は趣味というよりも、自分にとって大きな学びや成長につながっています。

大学時代から月一冊をノルマに読書をしてきました。もちろん、時間と面白い本があれば月に数冊読みますし、移動時間には、『オーディブル』などの視聴するタイプも活用しています。

じつは小中学生時代は、あまり読書の習慣はありませんでした。

授業で読書の時間があっても、じっとしているのが苦手でしたし、眠たくなるのです。

ただ大学生のときに、それまで野球ばかりやってきたので、外の世界のことを知りたいなという好奇心から本に手が伸びるようになりました。

読んでみると学びが多いというか、知らなかったことを知ることができる。新しい世界

が開いていくような感覚で、自分のなかに軸のようなモノが形成されていくことを実感しました。どうして今まで嫌って読まなかったのだろうと反省をしました。食わず嫌いはいけません。

読書は、いつしか野球にもリンクして、心のサポートになってくれました。

それを強く実感したのは楽天時代です。

ピンチの際、マウンドで苦しい状況にあった僕の脳裏に、以前本で読んだ「自分を俯瞰すること」という言葉がふっと降りてきたのです。

ピンチを迎えたときや、調子が悪いときは、もう一人の自分を置いて、一歩引いて全体を見渡し、心を落ち着かせて状況を見極める。

その言葉を思い出した僕は、実際にバックスクリーンの上にもう一人の自分を置くイメージを持ちました。すると落ち着きを取り戻すことができ、ピンチを脱することができました。本に助けてもらったと強く思った瞬間でした。

これまで読んできて、とくに印象に残っている本は次になります。

『苦しかった時の話をしようか』森岡毅著
『夢をかなえる象』水野敬也著
『どうせ無理』植松努著

どれもあきらめることなく前へ進む勇気を、僕に与えてくれました。

他にもいろいろありますが、スポーツの本というよりは自己啓発系やビジネス書などが多いです。ジャンルは気にすることなく気になった本を手にしています。


なかでも大学時代から通じてナンバーワンなのが、稲盛和夫さんの『心。』です。

これは僕にとって人生のバイブルで、何度も何度も再読しています。

稲盛さんは、京セラの創業者であり超一流の経営者なのですが、「すべては心に始まり、心に終わる」と、おっしゃいます。

利益を追求する経営者でありながら、一番大事なのは〝心〟なのだと。いろいろな体験談が記されていたのですが、とにかく、素直な心を持って、ひたむきに取り組める人間が成果を上げられるということでした。

本当にその通りだと思います。

僕自身、決して調子に乗ることなく、ひたすらに淡々と目標を達成していこうと誓いましたし、今も気持ちがブレそうになると本を開きます。


僕は9回という特にメンタルが問われるポジションで投げています。

非常に難しい立場ではありますが、しっかりと心を整えて、ブレることなく素直に自分と向き合って、できるかぎりの準備をする。

その気持ちを忘れないように、稲盛さんの『心。』を常に読んで、自分のメンタルを安定させています。だからこそ人生のバイブルなのです。


読書は自分に必要なことをどんどん落とし込んでいく作業だと考えています。

だいたい200ページぐらいある本には、いろいろなことが具体的に書かれていますが、それを自分なりに解釈して落とし込むことが重要だと思っています。

一方でインターネットには『まとめサイト』のようなものがあり非常に便利です。しかしこれに頼ってしまうと自分で考えることや、物事を解釈して頭のなかでまとめるという能力はなかなか身についていかないでしょう。

読書の習慣は情報処理能力を高め、得た知識から自分はどうしたらいいのかという判断を促してくれるものだと思います。

本には著者の人生が凝縮されています。その方と会えなくても頭のなかを知ることができ、学びになる。それを2000円前後でゲットできるのは、コスパがいいと本当に思います。

心。

大事な物を選びシンプルに整理整頓
ミニマリストの思考でプレーに集中

人生をいかにシンプルに楽しむことができるか――。

方法はいろいろあると思いますが、僕の場合、人生を楽しみたいからこそ、相応の苦しみやつらいことも経験しなければいけない、と考えています。

苦しみや不幸があるからこそ、楽しみや幸せがより生きる、という感じです。

この考えとシンクロするのが〝ミニマリスト〟の思考です。

コロナ禍のとき、僕はミニマリストについて勉強をしました。その結果、断捨離をして一気に物を減らしました。

使っていない物は、とにかく処分してしまう。

最初は勇気の必要な作業でした。

しかし、やってみると身の回りだけでなく、気持ちもスッキリとしたのを覚えています。

ミニマリストは、単にいらないものを捨てる、ということではありません。

そうすることで大事な物が以前よりも引き立つようになりました。


つまり、いらない物を選ぶのではなく、大事な物を選ぶということです。

もっと言えば、大事な物だけを残し、それ以外はすべて手放す。

この考え方に則ってアクションを起こしたら、不思議と豊かな気持ちになりました。また思考も明晰になって、決断も早くなったような気がします。

今では自分のロッカーもシンプルに整理整頓するようにしています。

野球というスポーツは、どうしても道具や物が多くなってしまうのですが、厳選していくと必要ではない物も結構あるものです。それを処分すると思考がシンプルになったように感じ、以前よりもプレーに集中できるようになりました。

身の回りの環境と、頭のなかはリンクしているのだなと実感しました。あとはユニフォームや練習着をきちんと畳むように心掛けています。

あくまでも一般論ですが、家中が散らかっている人は心の乱れがあると言われますし、意外とこれは真理なのではないかと感じています。

ですから球場で練習や試合がある日は、グラウンドやブルペンで気がつけばゴミを拾うようにしています。仕事場ですから整理整頓されているほうが、僕はもちろんですが、他の選手たちも気持ちがいいはずです。

必要最低限の物しか持たない、そして整理整頓する。

コストがかからないことですし、誰でもその気になればすぐに実行できるものです。ぜひオススメします。

成長するためのプロセスとして
ある程度の忍耐と努力量が不可欠

勉強でも仕事でも一定の量をこなすと、慣れてきて要領もよくなります。

そうなると楽しさが湧いてきませんか？

これは成長するために重要なプロセスだと、僕は考えています。

初めて接する学問や仕事というのは、あまり意味がわからない状況からスタートします。最初は全容が見えないため思考が追いつかず、苦労するでしょうし、集中力も持たないかもしれません。

しかし、そこで投げ出すことなく我慢できるか。

ある程度、量をこなしていくうちに、徐々に取り組んでいる対象の楽しさがわかってきてコツなどをつかむと、面白さを感じながらトライできるようになっていきます。

何も知らなかったことを面白いと思うまでには、ある程度の忍耐力や、努力量が必要になってくるということです。

手放すのは簡単ですが、そこをぐっと我慢することで、知らなかった世界観が広がります。

目先の結果や成果をすぐに求めないこと。

結果が出ていなくても、続けてきたことで思わぬ成果につながります。忍耐力が必要ですが、それを信じることができれば、いろんなことにトライできると思うのです。

アマチュア時代、我慢をしてコツコツと努力していた時期、僕は未来の自分をイメージして過ごしていました。150キロのボールを投げ、観衆が湧いている様子を想像するのです。アマチュアでも150キロを投げると、球場がすごく盛り上がります。

実際、社会人3年目に150キロに到達しました。

耐えて、努力しつづけた成果のひとつでした。

中学生のときのことです。

所属していたクラブチーム・神辺レッズの山本監督に、ある日、自分の長所と短所を

神辺中学校
AED
歓迎 森原康平
投手

ノートに書いてこいと言われました。

短所は何個か書いた覚えがあるのですが、長所は自分に自信がなかったので、何も書かないままノートを提出しました。

すると、それを見た山本監督は、無言のまま白紙だった長所の部分に『忍耐力』と書き入れてくれたのです。

中学生の僕には、すぐに言葉の意味がわかりませんでした。

どうやら僕には根気と粘り強さがあると思ってくれていたようです。

当時はまったく自分ではそんな風には思っていませんでした。

思えば、課せられた練習を、必死についていき、こなしていただけです。中学生ですから、言われたことをただ一生懸命やっていただけなのです。

それでも山本監督に認めてもらえたことがその後の自信やモチベーションにつながり、プロ野球の世界へたどり着けた気がします。

あのとき『忍耐力』と書いてくれなかったら、今の自分はいなかったかもしれません。

それほど印象深い出来事でした。

本気で頑張っている人は、人の夢を否定しない
努力することが何たるかをわかっている

幼いときからひそかにプロになりたいという淡い思いを抱き野球を続けてきました。しかし、じつは僕はそのことをあまり公言してきていませんでした。

本当は大声でそれを言いたかったのですが、広島の田舎でしたし、何より能力も高くない選手だったので、言ったとしてもすぐに否定されるのが関の山でした。

本気でプロに行きたい、なんとか実現したい、と真剣に思ったのは大学生のとき。やはり周りに公言することなく、それを紙に書いて毎日のように眺めていました。

なんとも言えない、青春の日々です。

ただ「プロになりたい」と、何人かの親しい友人には伝えていました。

心を許せる友人たちは、それを黙って聞いてくれました。

彼らは「頑張れよ！」と、快く応援してくれました。とてもうれしかったことを覚えています。

彼らとは今も変わりなく親友で、職種も営業マンや不動産業、理学療法士などさまざまなのですが、たまに会えば「あのときそんなことを言っていて実現してしまうんだから、森原はすごいよ」と、懐かしそうに言ってくれます。持つべきものは友だな、とも思います。

そんな彼らに共通しているのは、各々が自分の夢に向かって頑張っている人たちだということです。

どんな仕事にせよ、何かに向かって本当に頑張っている人たちは、他人の夢や想いを決して否定しません。

本気で物事に取り組み、努力することが何たるかを知っているからです。

だからこそ、人に寛容になれるし、素直に応援できる。

僕自身これからも一生懸命、野球に対して取り組むことで、本気で頑張っている人たちを応援していきたい。

もし現役引退をしたら、そういう人たちをサポートする活動もやってみたいなと、ひそかに思い描いています。

睡眠の質がコンディションを左右『睡眠リング』で最適解を探る

アスリートとしてコンディション面で気をつかっているのは、〝睡眠〟です。

寝る前はなるべく携帯電話を見ないようにしています。

睡眠の障害になりますし、また夜というのはネガティブな感情が強くなるので、雑多な情報が頭に入ってくることを避けるためです。

ここ2、3年、眠るときには指輪型の『睡眠リング』をつけています。

これで眠っていた時間など睡眠時の状態が数値化されて、どの程度の質だったのか朝に点数が表示されるのです。

この点数によって、その日の練習量を調整することもあります。

自分ではよく眠れたと思っていても、じつは眠りが浅いことがあります。例えばお酒を飲んだ日は、てきめんに点数が低く、睡眠の質が悪いことも如実にわかります。

睡眠に関する感覚は、データを見なければわからない部分もあるので、『睡眠リング』はとても重宝しています。

使い始めたころは、わざとお酒を飲んで寝たり、携帯電話を見てから寝てみたり、自分でいろいろと試しながら最適解を探しました。

デイゲームやナイトゲームなど試合時間が不規則で、また日程によっては移動もある野球選手にとって睡眠の質がコンディションを左右するのは言うまでもないのですが、生活リズムでさえ快適に作り上げるのが非常に難しいのです。

だからこそ身体のケアも含め、僕にとって睡眠は優先順位が高い。これは間違いありません。

なお入浴は、睡眠の1時間前に済ませます。しっかり体温を下げて、深呼吸を取り入れるなどしています。

本音を言うと、現役を引退したあとに一番やりたいことは規則正しい生活です。

オフシーズンや自主トレ中は、実際に5時半か6時には起きて、夜は9時や10時には寝る生活をしています。

朝の爽やかな風情や朝日を浴びるのが大好きなので、カーテンを開けて太陽の光を目に入れて、その後、白湯を飲みます。その次に酵素ドリンク、サプリメントなどを摂るのが、僕のモーニングルーティンです。

こういう生活を送りたいため、オフでもあまりお酒を飲みません。

また夜に食事に誘われることも少なくないのですが、最近では行けるときには「じゃあランチではどうでしょうか？」と提案して、なるべく規則正しい生活となるよう工夫をしています。

期待されればそれに応えたい
誰かのヒーローになる！

プロ野球の世界でも一般社会でも言えることだと思いますが、人間は、モチベーションや、やる気が高まるのは、誰かに必要とされているときです。

期待をされれば、自然とそれに応えたいと思うのが人の常です。

プロになるとき、ひとつだけ自分に誓ったことがあります。

それは〝誰かのヒーローになる〟ということでした。

野球観戦という非日常の世界、もしかしたら最初で最後のゲーム観戦になるかもしれない人もいます。

だったら、そういう人たちのためにも印象深い選手にならなくてはいけない。

そんな人たちにとってのヒーローになりたいと思ったのです。

僕は現在、基本的にリリーバーなので、どこで投げるのかはわかりません。

前述のように、今は「勝ちゃえんよ」というマインドセットもあるので、いささか矛盾しているように聞こえるかもしれませんが、それでも投げる以上は常に出場する選手のなかで一番いいピッチングをしたいという気持ちは大前提としてあります。

例えば3者連続三振を奪った裏の攻撃でチームが逆転したら、僕がヒーローになるかもしれない。こんなことを想定してマウンドに向かいます。

幼いとき、プロ野球選手たちのプレーを見て憧れた経験があります。

僕も期待されている以上の印象深い活躍をして、とくに子どもたちにとって忘れられない時間を作ってあげたいと素直に思うのです。

「今日の森原、最高だったね！」

球場でいい思い出をたくさん作ってもらえるように頑張ります！

リアル茂野吾郎だった中学生時代恩師から教わったハングリー精神

野球を始めたのは小学6年生のときでした。

中学生になると地元の神辺レッズというクラブチームに入りました。何度も言っていますが、僕は野球経験に乏しい劣等生だったことに加え、気も弱い子どもでした。

とにかく練習がめちゃくちゃ厳しい。

その3年間を完走できたのが、自分とって大きな自信になりました。

当時、指導してくれた山本監督の言葉が僕の胸に刺さっています。

「昨日より今日、今日より明日、上手くなりなさい」

この言葉は今の自分にとっても大切な言葉で、30歳半ばに差し掛かった今も、この気持ちで日々野球と向き合っています。

そしてもうひとつ、山本監督に言われて印象に残っている言葉はこれです。

「ハングリー精神を持ちなさい」

中学生の僕にとっては、初めて聞く言葉でした。わかりやすく言うと貪欲さです。

野球に対してガツガツする姿勢を山本監督は求めました。

もっと上手くなりたい、限られた時間で、何かひとつでも吸収してやろうという気持ちが、何よりも大切なのだと。

ちょうど当時、アニメ『MAJOR』が始まりました。茂野吾郎を中心に弱小チームが特訓をして力を合わせ成長していく話です。とくに〝夢島〟での猛練習にたえる吾郎には刺激をもらいました。あれを見ながら「自分と一緒だな」と思い頑張っていました。あのときは完全に負けず嫌いの茂野吾郎が憑依《ひょうい》していたように思います。

あれから時が経って思うのは、恵まれた環境で過ごすようになると、よくも悪くもハングリー精神は養われにくくなるということです。

だからこそ、ハングリー精神を忘れず、内なる闘志を燃やしていきたいと思います。

周りの適当さや誘惑に〝流されない〟責任感が芽生えた高校時代の体験

山陽高校には、三原新二郎監督にスカウトされ特待生として入学しました。

中学時代、とくに目立った成績があったわけではありませんが、三原監督は地元のグラウンドまで見に来てくれて、僕に伸びしろがあると判断して声を掛けてくれたようです。

三原監督は、名門・広陵高校などを指揮した名将です。傍らで接してみて、たしかに采配がすごいと思いました。とくに、ここぞというタイミングでバントやエンドランを仕掛けるところや、選手の起用法などは、広島で〝三原マジック〟と呼ばれていたのも納得しました。

山陽高校は、三原監督のもと3カ年計画で甲子園を目指す狙いがあり、僕はその一期生でした。かつて山陽高校は甲子園に出場したことがあり、何十年ぶりかに再び本気で甲子園を目指すといった部分で面白いなと思い、三原監督についていくことにしました。

ここで学んだのは〝流されない〟ということです。

山陽高校はやんちゃな生徒が多く、なかなか勉強や野球に集中できない環境でもありました。高校生あたりは「だり〜」なんて悪ぶりながら適当にやるのが、なんとなく格好良く見えてしまったりすることもあります。

僕としてはもちろん甲子園に出たいという気持ちもありましたが、それ以上に純粋に、もっと野球が上手くなりたいという思いが強かったので、適当な空気にのまれず、野球に没頭するよう自分に言い聞かせていました。

若いときというのは、悪いことや楽しいことに心を奪われがちです。

誘惑をされ、甘い方向に流れていくのは、とても簡単。

しかし長い目で見たら、今は楽しいかもしれないけど、それでは本当に求めているものを失ってしまうことに気がついたのです。

思い出深いのは2年生の秋のことです。背番号1をもらいエースになったのですが、あと一つ勝てば中四国大会に出場できるという試合で、最後逆転ホームランを打たれてしまいました。最後の最後にやられてすごく悔しい思いをして、振り返ればピッチャーとしての責任感みたいなものは、そのころから芽生えてきた気がします。

野球というスポーツはピッチャーがしっかりしないと負けてしまう。

当たり前の話ですが、改めて痛感しました。

山陽高校では、残念ながら甲子園出場は叶いませんでした。

3年の夏にベスト4まで進出し、如水館高校を相手に僕が8回まで投げたあと、延長戦に入り、1年生の中川皓太（現・読売ジャイアンツ）が打たれて負けてしまったのです。

試合後、涙を流しながら中川が僕のところに来てこう言いました。

「康平さん、すみません。僕のせいで負けました」

その言葉を聞いて、我慢をしていた涙が溢れました。

中川は1年生であの場面を任されて大変だったでしょう。よくやったと思います。

後悔や未練は何もありませんが、やっぱり甲子園には行ってみたかったです。勝てば決勝で広陵高校との対戦でした。相手エースは有原航平（現・福岡ソフトバンクホークス）。投げ合ってみたかったですね。

高校野球が終わって、僕はプロにはひそかな憧れがあったものの、プロ志望届は出しませんでした。

夏の大会前、三原監督のツテでしょうか、大分の明豊高校と愛媛の西条高校といった名門校が練習試合で山陽高校に来たことがあります。

まさかうちに超有名高校が来るとは思っていなかったので驚きました。

明豊高校には今宮健太（現・福岡ソフトバンクホークス）がいて、西条高校には秋山拓巳（元・阪神タイガース）がいました。バックネット裏で二人が投げ合う姿を見ていた僕は、これがプロに行く才能なのだと圧倒されました。

彼らの実力を見て、自分の現在地を把握できたのです。

こうして僕は最初に声を掛けてくれた近大工学部に進むことにしました。

コントロール重視で結果を出す
現在地を認識し、手応えをつかんだ大学時代

僕が進学した近畿大学工学部は、広島六大学リーグに所属していました。地方リーグということもあり、全国的な注目度は低いのですが、だからこそリーグ内で断トツの成績を残さなければ注目されないだろうと考えていました。

また、僕が1年生のときの4年生に中元勇作さんというピッチャーがいて、その方が東京ヤクルトスワローズに入団しましたし、また同じリーグの広島経済大学は柳田悠岐選手を輩出しており、その二人の存在は、僕にとってすごくモチベーションになっていました。

自分にも絶対にチャンスがあるはずだと希望が持てたのです。

僕は奮起し、3年の秋から三季連続で最優秀防御率、ベストナインを獲得。4年生の春と秋にはリーグ優勝を果たしました。しっかりと数字を残すことができました。

一番に心掛けていたのはコントロールでした。球速はさほど出ませんでしたが、リーグのレベルを鑑みると、ある程度制球がよければ抑えられたので、この時期はコントロールを磨くことに注力しました。

カーブやスライダー、フォークといった変化球をとにかくコントロールをよく投げ切ることで、結果を積み上げていきました。

4年生の秋まで、僕は一人、後輩と野球をやっていました。ずっとエースとして投げていたので、その責任感は半端ではありませんでした。

実は同級生は4年生の春が終わった時点で全員引退していたのです。

ちなみにこれは地方リーグにありがちな話なのですが、野球の道に進む気がない人は、4年生の春の時点でみな現役を終えてしまうのです。

大学選手権にも神宮大会にも出場しました。秋の神宮大会は印象に残っています。

どのチームにもドラフト候補選手がいて、自分の力を試すのには最高の舞台でした。春の日本一だった上武大に勝って、全く歯が立たないことはないというのがわかりましたし、また後にベイスターズで同僚になる山﨑康晃と嶺井博希（現・福岡ソフトバンクホークス）のバッテリーを擁する亜細亜大学と戦って、7回までゼロで抑えることができた。自分の現在地を認識できましたし、地方リーグでプレーしていても全国である程度勝負できることを証明できたと思いました。

しかし卒業するにあたり、高校時代と同じくプロ野球志望届を出しませんでした。有望選手がいるのならば、NPBの各球団からスカウトが視察に来るのが普通ですが、僕のいる近大にはほとんど来ることはありませんでした。その状況を僕はわりと冷静に受け止めていました。これは指名される可能性が低いなと察しました。

まだまだ足りない部分があり、時期尚早だということです。

そこで近大を卒業後、ある覚悟を持って新日鐵住金広畑への入社を決めました。

「まとまりすぎ」の評価からドラフト指名へ 運は、待つものではなく引き入れる

新日鐵住金広畑に入社する際、僕は「3年やってダメだったら野球をあきらめる」と誓いを立てました。

これまで、もっと上手くなりたいと思いながら野球をやっていましたが、プロに行くという結果を出せなければ、どこかで線引きをするしかありません。

大卒社会人がプロになるのは通常は2年目か3年目です。4年目以降はほぼチャンスはありません。また環境が厳しかったことも理由として挙げられます。

普通、社会人チームは午前中に仕事をして、午後を練習に充てるものですが、新日鐵住金広畑は夕方まで仕事をやって、ナイター練習をしていました。

睡眠時間は5時間ほどしかとれず、仕事もしなければいけない、プロになりたいから練

習はおろそかにできないということもあって、3年というリミットを設けたのです。

しかし2年目までは鳴かず飛ばず。パッとせず、まったくプロに行くレベルではありませんでした。


ナイター練習が終わると、ちょうどプロ野球ニュースの時間でした。

僕は夕食をとりながらテレビを見ていました。今まで対戦してきた選手や、同世代の選手が活躍している姿に「自分はまだここにいるのか……」と正直、暗い気持ちになったこともあります。金銭面においても、僕の給料と彼らの報酬を比べれば雲泥の差。いろんなところで差がついてしまったなと感じずにはいられませんでした。

そして2年目を終えた冬に、神部年男さんにお会いし、指導してもらうことになりました。

藁をもつかむ思いで神部さんの指導についていきました。

どんな指導を受けたかは前述したとおりです。

結果として、それが功を奏し球速がアップしました。

都市対抗野球の予選で新日鐵住金広畑は敗れてしまいましたが、僕のピッチングを見た都市対抗野球に出場する日本新薬が第一代表として補強選手に指名してくれたのです。

都市対抗野球の予選で敗れたときは、自分の野球人生もこれで終わりかなと思いましたが、補強選手として指名されたことで、ぎりぎり踏み止まることができました。

都市対抗野球の初戦で、僕はリリーフとして9回のマウンドに上がりました。

じつはそれまでは先発だったので、リリーフで投げるのはほぼ初めてに近かったと思います。

ラストチャンスと位置づけた東京ドームのマウンド。

僕は今まで出したことのない150キロを連発しました。これまでMAX147～148キロだったのですが、この試合では最速151キロを計測したのです。

補強として選ばれた本当のラストチャンス、しかも慣れていないリリーフでの登板。自分でも何がよかったのかいまだにわかりませんが、ただこれ以上なく集中していたのは間違いありません。

このピッチングによってNPBのスカウトたちの目も変わったと自負しています。

社会人になりスカウトの評価を耳にすることがあったのですが、2年目までは「いいのだけど、まとまりすぎている」、特徴が感じられないというものでした。

しかし東京ドームでは、150キロのボールをたびたび投げ込み、突出した部分を見せることができました。このピッチングがドラフト指名の要因になったのでしょう。

プロになれたのは、実力というよりも、運の要素が強かったと言えます。

ただ、運というのは、待つものではなく引き入れるものだと考えています。

たゆまぬ努力と準備があったからこそ、こういった運を引き寄せられたのかなと思います。

また、高校と大学は特待生として入学し、社会人でも声を掛けてもらって入社しています。

運と縁。それを考えると、縁という部分も、僕の野球人生には切っては切れないものです。これまで接してくれた人たち全員に心から感謝しています。

もちろん、野球の神様にも――。

メンターを置いて思考整理
ちっぽけなプライドが仕事の妨げに

己の心情や状況を、自分で分析するのは非常に難しいことです。

人生経験が豊富であれば、いろいろな引き出しから近いものを見出せるかもしれませんが、若いときはそうはいきません。

僕は自分の心を測るために、〝メンター〟を置くようにしています。

僕の場合は実際に接している方ですが、イチローさんや大谷翔平選手など、自分にとって憧れの人でも構いません。

あらゆる状況になったとき、書籍やインタビューで知ったイチローさん（あるいは大谷翔平選手）は、果たしてどういった判断をするのだろうか、と考えてみるのです。

そうすることができるようになると、思考が整理しやすくなります。

僕のメンターは、とある会社の経営者の方です。

何か疑問や相談したいことがあると、的確に指導してもらい、目標達成に向けてリードしてもらえます。

例えば試合の大事な場面で打たれてしまって「今日の登板をどのように受け止め、メンタル的につなげていけばいいですか？」と質問すると、今の僕の心情を聞き入れてくれて、的確な方向性を示してくれるのです。この人だったらどうするかな、と想像力を働かせてみるのです。

ちなみに〝プライド〟というものが年々薄まっているのを感じています。

変な意地を貫くことに対して格好いいと思わなくなってきました。

何か問題が生じたとき、すべてを受け止めて、必要ならば他人に助言を仰ぎ、物事を解決していく。そうすれば、自分の仕事に集中することができます。

この視点は、〝メンター〟を置くことと通ずる点があります。

サウナはデジタルデトックスにも好きな物を突き詰め人脈を広げる

僕がプライベートで大好きな時間が〝サウナ〟です。

サウナに行くようになったきっかけは4～5年前でしょうか。ちょうど自主トレをしていた際の食事時間、原田泰造さん主演のドラマ『サ道』を見て興味を持ちました。

果たして〝ととのう〟ってどういうことなのか？

基本的に好奇心が旺盛なので、〝ととのう〟を体験してみたくて、自主トレメンバーとサウナに行きました。

残念ながら最初のサウナでは〝ととのう〟には至らなかったのですが、2回目に行ったとき、ついに〝ととのった〟のです。

サウナと水風呂に入ったあと、ぼーっとして椅子に腰かけていると、じんわり体温が戻ってきたときに、身体全体が軽くなったような感じがして、ああこれが〝ととのう〟ということか、と気持ちよくなりました。そこからドハマりです。

リラックス効果もあり、またリカバリーにも使え、心身ともにリセットができる。これはすごくいいなと思いました。

以来、横浜周辺はもちろん、遠征先のホテルや、ホテルにサウナがなければ近隣のサウナ施設に足を運ぶようにしています。

リラックスとリカバリー効果以外にも、デジタルデトックスが挙げられます。

携帯電話を持ち込めないので、情報をシャットダウンできます。

携帯電話は、手元にあるとどうしても見てしまいます。連絡がくれば返さなければいけません。何かとせわしないものです。半ば強制的に1~2時間、情報から離れて無になれる時間は大事なひとときだと思っています。だからサウナ後は、身体はもちろん頭もスッキリしていることが多いし、リフレッシュできたことを実感しています。

1回にサウナに入る時間は、だいたい8分から10分、それを1~3セット。この時間の短さもいいのではないでしょうか。

サウナへは、チームメイトとよく行きます。あの熱気のこもるサウナのなかで、野球のことはもちろんのこと、たわいのない話や将来についての熱い話もします。自然と互いの距離は近くなるし、非常にいい時間を過ごすことができています。

サウナによる効果はいいこと尽くしです。リラックスはもちろん、夜はよく眠れて朝スカッと起きられる。また頑張ろうという気持ちになります。

じつはサウナ好きが高じて、『サウナスパプロフェッショナル』という資格を取りました。一応、サウナ管理士の資格なのですが、SNSで取得したことをお知らせしたら、サウナ業界の有名人の方々から連絡をもらって、新たな交友関係ができました。

サウナ業界の方々いわく、サウナのよさを世間に伝え、普及に努めている人のことを〝プロサウナー〟というとのこと。

「森原さんは〝プロ野球サウナー〟ですね」と言われました。

好きなものを見つけて、それをできる範囲で突き詰めていくと、自分の知らない世界や人脈が広がるのですから、人生は本当に面白いものです。

〝チーム森原〟はシーズン中の大きな支え オフの自主トレでその年が決まる

前述しましたが、毎年、シーズンが終わって少し経つと、心のなかに〝不安〟の影が浮かび上がります。

その正体は、来シーズンは今年以上の働きができるのかといった猜疑心《さいぎしん》です。いいときばかりは続かない。誰もがぎりぎりのところで勝負をしています。

そんな不安を解消するために重要なのが、オフシーズンの自主トレになります。しっかり自分の頭と身体を追い込んで、過不足なく準備したうえでキャンプインできるかが勝負になります。正直、このオフの過ごし方で、その年のシーズンが決まると言っても過言ではありません。

自主トレで利用している施設は、故郷の広島県福山市にある『Studio TAIKA』です。代表の佐藤嘉展トレーナーは、3歳からの幼馴染みで、『Studio TAIKA』の立ち上げには僕も協力をさせてもらいました。ここには野球に必要なすべてが揃っています。まずウェイトトレーニングの施設。じつはピラティスとウェイトトレーニングを併設している施設は国内にはほとんどなく、両方を同じ施設で行えるのは大きなメリットです。

少し脱線しますが、欧米のスポーツシーンでは、体幹トレーニングとしてピラティスを採り入れているトップアスリートが多くいます。身体の連動性や軸を鍛えるうえで僕自身も非常に効果的だと感じています。

ここにはブルペンも併設されていて、ピッチング練習もできます。ラプソードも導入しており、必要なデータもピックアップすることができます。

また近隣の球場を借りて、ランニングやキャッチボール、守備練習など、野球に関するすべてのトレーニングを行えます。プールトレーニングの実施など、質量ともに十分な練習を確保することができます。

他にも管理栄養士による食事提供や、治療・メンテナンスといった部分までフォローしてくれるので、安心してトレーニングに打ち込むことができます。

佐藤トレーナーとともに、自分が好きなようにやることのできるスタジオができ、自分の大きな力になっています。

昨年からはベイスターズのチームメイトである坂本裕哉や徳山壮磨、中川虎大が参加してくれて、また今年からは楽天時代の後輩である清宮虎多朗（現・北海道日本ハムファイターズ）も合流しました。

僕としてはリーダーになってチームを作りたかったわけではなかったのですが、自然とメンバーが集まり、互いに刺激し合って、厳しいけれども楽しい、楽しいけれども厳しい時間を過ごすことができています。

２０２４シーズンを送るうえで、年長者としてこの自主トレをともにやってきたメンバーに自分の背中を見せつづけなければいけないという責任感がありました。彼らがいなければ、そのような意思は働かなかったと思います。大きな支えになってくれました。

何より僕が結果を出せば、この自主トレでやってきたことが正解になるわけですから、その姿を僕自身が見せたいし、証明したいという気持ちは非常に強いものでした。

派手で盛大な優勝もいいのですが、規模が小さくても深いつながりのある仲間たちと喜

Studio TAIKA

びを共有できることが、僕にとってはとても大事です。

昨年参加してくれた選手全員がキャリアハイを残してくれたことがとてもうれしかったです。

佐藤トレーナーの存在は本当に大きいです。

幼いときから知っている友人であり、ピラティスのトレーナーや理学療法士として確かな実績もある。僕たちのことを本気で応援してくれて、厳しく指導をしてくれます。本気で応援されたら、本気で返そうという意識が湧きます。

あるとき「現役生活もあと何年かなあ」と、僕がぼやいたら「40歳までやろうよ。サポートするからさ」と、背中を押してくれました。非常にありがたく思っています。

朝8時から夕方までのトレーニングは本当にきつい。ただ、身体が悲鳴をあげるところまでやらなければ不安は解消されません。

約1カ月という、短いようで長い期間。この1カ月間をしっかりやり遂げてこそ、1年間を戦い抜くベースができ上がるのです。

資格の取得も大事な準備
お金に強くなり、将来への備えを

サウナの項で、『サウナスパプロフェッショナル』の資格を取ったという話をしましたが、じつは他にも資格を持っており、オフを使って勉強をしては試験を受けています。

サウナの後に得た資格は『ファイナンシャルプランニング技能士3級』です。将来のことを考えて、お金のことを知りたいと思いチャレンジしました。3級は、お金について幅広く学ぶことができます。

単純にお金の知識を得るのならば、本を読めばいいじゃないかという意見もあると思います。でも僕の場合は、勉強をするにしてもゴールを設けたいのです。ですから、わずかなオフの期間に集中してやるためには、資格取得を目標にしたほうが学びやすいと判断しました。
べつに資格マニアというわけではありません。

あくまでもプロ野球選手として一社会人ですから、常識という部分は携えておきたいものです。

改めて感じているのは、社会人経験の大きさです。

当時は、野球をやりながら手取り16万円ぐらいのお給料で、すべてをまかなっていました。あのとき身につけた社会性や金銭感覚は、今の僕の指標になっています。

最近では、日本ファスティング協会の資格を取りました。ファスティングの主な目的は、乱れた食生活によって疲れた内臓を休ませ、身体を正常なリズムに戻すことです。この資格があると他の人に指導できるというものです。

資格を得るのは物事を深く知りたい、理解したいという欲求からです。

またサウナやファスティングはコンディショニング、ファイナンシャルプランナーは今後のためといったように、仕事や生活と密接なものを選ぶようにしています。

DIPLOMA
Fasting Meister
THE
WALL
California

ファイナンシャルプランナーの資格を持っていれば、税理士さんとの話も早いですし、お金のことで時間を取られることが少なくなります。ファスティングは栄養面や体調管理につながってくるので、資格というと趣味っぽく聞こえるのですが、実際のところはすべて自分のパフォーマンスに何かしらのいい影響を及ぼしてくれるものなのです。

とくにファイナンシャルプランナーは、自衛のためでもありました。

どうしてもプロ野球選手は高い年俸をもらうので、正直、いろいろな人が近寄ってきます。

例えば、よくわからない投資商品の話を持ち込んでくる人もいて、なかには知識が乏しく騙されてしまう選手も少なからずいます。

そういったときに知識を持っていると便利ですし、ある程度、何が正しいものなのか見極めることができます。

また現役選手をどこまでやれるのかわからない状況で、戦力外になってしまえば収入が断たれます。今後の生活や家族を養うことを考えれば、結局お金の問題は常についてまわってきます。

あくまでも僕の印象ですが、プロ野球選手は、いつ終わるかわからない状況に備えている人が少ないように思います。

僕はいつかは終わる未来に対して準備をしているというわけです。

お金の勉強をして、不安を少しでも解消することができれば、いいパフォーマンスにつながると思っています。これも準備のひとつだと考えています。

人から言わせれば僕の意識は高いのかもしれません。

しかし野球だけのプロではなく、人生をトータルで見たときにもプロでありたいと思っています。

人生の最後をどう迎えたいか
これからもゆるやかに着実に成長したい

ここまで度々〝終わりから逆算する〟という話をしてきました。

では、人生の最後をどのように迎えたいのか。

ちょっとオーバーな話になってしまいますが、棺桶に入ったときに、果たして葬儀に誰が来てくれるのか、誰が泣いてくれるのかと考えることがあります。

まあ、これは究極のゴールです。

人生のエンディングを迎える、つまり〝死〟というのは、そういうものだと思いますし、死んだときに「この人はいつも周りに気をつかってくれたね」「爽やかに挨拶してくれたね」「取り組む姿勢に刺激を受けました」「優しかったね」と、思われるようだったら、僕の人生は成功だったのかなと思っています。

野球選手としてどのように終わり、その先の人生をいかに生きるのか。

２０２５年シーズンで、プロ9年目になります。

じつはプロになったとき『現役10年』が目標で、それも紙に書いて貼り付けました。

僕の担当スカウトだった愛敬尚史さんが、９年間プレーをしたので、リスペクトも込めそれを超えたいという意味で設定しました。

また、プロに入るときの目標のひとつに、『1億円プレーヤーになる』もありました。

これは２０２４年のオフの契約更改でクリアすることができました。

10年まで、あと2年。

前述しましたが、２０２４年のシーズンで日本一になり、多くのファンの方々から「勇気や感動をありがとう」と感謝してもらえました。これほどまでに大観衆に注目され、ハートに染みるような仕事はありません。

だから、できるかぎり野球を続けていきたい。とはいえ正直、肉体的なリミットがあります。

今後そこが最大の戦いとなってくるでしょう。

準備は怠らずしてはいますが、この世界、何が起こるかわかりません。

ひとつだけ言えるのは、引退後の人生のほうが長いということです。

今は野球に全力を注いでいますが、引退後にいろいろとやりたいことがあります。そのための準備を少しずつ進めています。

クールなようですが去り際は、非常に大事だと考えています。

そして、人と人との出会いを変わらず大切にしていきたい。

心理学的に言えば「自分のコントロールできることに集中せよ」が、自分にとってのセオリーなのですが、人の心はコントロールすることができません。

それでも僕は、人が好きなんです。放っておいてくれよ、と思うときもあるし、さばさばしている性格ではありますが、本音の部分では人間に興味があり、どうしても観察をしてしまうのです。

この人が今、何を考えているのか知りたいし、僕自身、人の意見を聞くことが、以前よりも好きになっています。人はやはり、一人では生きてはいけませんから。

ここまで僕は野球を通じて、ゆるやかに、けど着実に成長することができました。

今後も変わりません。

縁や運に感謝を、そしてこれからも成長と遊び心を忘れずに、長い人生を楽しみながら生き抜いていきたいと思います。

成功の方程式は、『考え方×熱意×能力』

この本を最後まで読んで頂き、誠にありがとうございます。

僭越ながら現在の僕の頭や心のなかにある、想いや気持ちを書かせてもらいました。

皆さんが生きていくうえで、もし何か発見やヒントがあったならば、ふと思ったときに、またページを開いていただければとてもうれしいです。

この先、考え方がアップデートされて、また別のやり方を試すこともあるでしょう。

誤解を恐れずに言えば、場合によっては前言撤回をしてもいいとさえ、僕は思っています。そうやって試行錯誤を繰り返すことで、人は着実に成長していくはずです。

これまで何度も述べてきたことですが、夢や目標を持ったら、まずはそこに向かって一心不乱に突き進んでいくことが大切です。

ただ壁にぶち当たり、その壁を越えられそうにないと感じることもあると思います。

でも、越えられない壁はありません。


だからこそ、何か夢や目標をもったときは、真剣に本気で挑戦して欲しい。

やってみると必ず、何かしらの結果や成果が出ます。

成功することもあれば、失敗することもあるでしょう。

失敗をしてしまったら当然ショックを受けたり、ダメージを負うと思います。

一方で成功したらうれしいし、自分に自信を持つことができるのはもちろん、周りの人たちもきっと喜んでくれることでしょう。

けど、どちらにしても思うのです。長い人生を大枠でとらえてみれば、ひとつの成功や失敗は、小さなものにすぎないのかもしれない、と。

それでも、自分だけの人生、自分が主役――。


この先も限られた時間のなかで、野球は当然のことそれ以外のことも、本気で挑戦し、失敗も成功も楽しんでいけたらいいなと思っています。

ここで尊敬している稲盛和夫さんが述べた、強く共感した言葉を紹介させてください。

『成功の方程式』とは何か?

人生における難問を稲盛さんは『考え方×熱意×能力』という式で表しています。
この式のポイントは、『熱意』と『能力』というものは「0から100」なのに対し、『考え方』は「マイナス100からプラス100」であると定義しているところです。
つまり、いくら『熱意』や『能力』が高くても、プラスになる『考え方』がないかぎり成功することはないということです。

決して考えることを止めない。経験上、非常に納得のできる言葉でしたし、僕は、夢や目標を成し遂げたいと思ったとき、この方程式をいつも思い出します。そしてこれからも心に留めながら生きていくことになるでしょう。

誰もが成長したい、成功したいと考えて生活していることだと思います。考え方ひとつで、自分の可能性を無限大に広げることができるので、とにかく熱意をもって、感性を研ぎ澄まし、地道でもいいので日々コツコツと努力していきましょう。

最後に、謝辞をお伝えしたい方々がいます。

まず担当スカウトとしてプロへと誘ってくれた愛敬尚史さん、ドラフト会議で僕の獲得を後押ししてくれた故・星野仙一さん、プロ入りしてから僕に様々な経験をさせてくれた東北楽天ゴールデンイーグルスならびに楽天ファンの皆様。そしてトレードで入団して以来、期待をかけてくださっている横浜ＤｅＮＡベイスターズと、いつも全力で応援してくれるベイスターズファンの皆様、改めてここに感謝を申し上げます。

２０２５年１月　横浜ＤｅＮＡベイスターズ　森原康平

森原康平（もりはら・こうへい）

1991年12月26日生まれ、広島県出身

広島・山陽高〜近大工学部〜新日鐵住金広畑。2016年ドラフト5位で東北楽天ゴールデンイーグルスより指名を受ける。2019年はセットアッパーとして活躍を収めるが、クローザーに転向した2020年は成績が低迷。2022年シーズン途中に横浜ＤｅＮＡベイスターズへトレードで移籍、2023年からリリーフに定着する。2024年は開幕からクローザーとしてフル回転で、1998年以来の日本一に大きく貢献した。

■ 構成　石塚 隆

■ ブックデザイン　山之口正和＋高橋さくら（OKIKATA）
■ ＤＴＰオペレーション　株式会社ライブ
■ カバー写真　横浜DeNAベイスターズ
■ 本文写真　産経新聞社、森原康平

■ 編集協力　能見美緒子

■ 編集　滝川 昂（株式会社カンゼン）

■ 企画協力　横浜DeNAベイスターズ

地道が近道
ゆるやかに成長し続ける“成功思考”

発　行　日　2025年3月31日　初版
2025年5月27日　第3刷　発行

著　　者　森原 康平
発　行　人　坪井 義哉
発　行　所　株式会社カンゼン
〒101-0041
東京都千代田区神田須田町2-2-3　ITC神田須田町ビル
TEL 03(5295)7723
FAX 03(5295)7725
https://www.kanzen.jp/
郵便為替 00150-7-130339

印刷・製本　株式会社シナノ

ISBN 978-4-86255-753-7
Printed in Japan
定価はカバーに表示してあります。
ご意見、ご感想に関しましては、kanso@kanzen.jpまでEメールにてお寄せ下さい。
お待ちしております。